Familien-Reiseführer

SÜDENGLAND
MIT LONDON

Südengland mit London

Noch ist hier Kies, doch bei Ebbe erscheint ein langer Sandstrand

Die tollsten Attraktionen für Kinder

Im New Forest (S. 88) können wild lebende Ponys angetroffen werden

Die königliche Wache lässt sich nicht aus der Ruhe bringen

Gut zu wissen

Was Sie wissen sollten

Diese Zeichen und Symbole begleiten Sie durch das ganze Buch:

Die Minikarte von Südengland mit dem dicken roten, grünen oder blauen Punkt zeigt Ihnen auf einen Blick, an welchem Ort sich die jeweilige Attraktion befindet.

Infos zur Region oder spezielle Empfehlungen für die Eltern gibt's in den grünen Kästen.

In den orangefarbenen Kästen stehen tolle Tipps oder Geschichten für Kinder.

Regionale kulinarische Genüsse oder ein Restaurant, in dem auch Ihre Kinder auf ihre Kosten kommen, finden Sie in den blauen Kästen.

Kirsten Wagner liebt London und Südengland, seit sie das erste Mal als Schülerin zu einem Austausch dort war. Auch mit ihrer Familie verbringt sie gern den Urlaub am südenglischen Strand oder in der vor Leben sprühenden britischen Hauptstadt. Als Autorin mehrerer Freizeit- und Reiseführer weiß sie, worauf Eltern und Kinder Wert legen und teilt dieses Wissen gern in dem vorliegenden Band.

LONDON & SÜDENGLAND FÜR ELTERN UND KINDER

London & Südengland entdecken

In England ist alles ein bisschen anders, als man es vom Festland gewohnt ist. Gezahlt wird hier mit britischem Pfund und auf den Banknoten und Briefmarken prangt die Königin. Royal ist dabei sowieso eine Menge, selbst die Gefängnisse sind Her Majesty gewidmet. Dazu fährt man links und statt in Kilometern wird in Meilen gemessen. Selbst wenn man sagen soll, wie groß man ist, kann man ins Schleudern kommen, denn das wird hier nun mal in „Füßen" ausgedrückt. Aber all das macht England natürlich auch so besonders liebenswert – und zu einem überaus entdeckungsreichen Abenteuer mit Kindern.

Abenteuer Sprache

Interessant für viele Kinder ist auch das Erleben der englischen Sprache. Da heutzutage schon Grundschüler ersten Unterricht in der Fremdsprache haben, sind sie meist begierig, das Wissen direkt im Land anwenden zu können. Kleine Bestellungen lassen sich durchaus bewerkstelligen. Aber auch Jugendliche freuen sich über Erfolgserlebnisse und die praktische Anwendung des Englischen. Ein wenig Vorsicht ist geboten im Südwesten: Dort kann der einheimische Dialekt das Verständnis auch bei versierten Englisch-Sprechern auf eine harte Probe stellen.

Kleine Hilfestellung bei der Straßenüberquerung

Wie viel ist ...?
£ 1 = € 1,25
1 inch = 2,54 cm
1 foot = 30,48 cm
1 yard = 0,91 m
1 mile = 1,61 km

Urlaub im Süden

Warum der Süden Englands? Vieles spricht dafür: Natürlich ist die Anreise kürzer, als wenn Sie ganz bis in den Norden wollen. Auch die Hauptstadt liegt nun mal im Süden Englands, und wenn auch London gewiss nicht mit Südengland gleichzusetzen ist – wer hier seinen Urlaub verbringt, wird einen Abstecher in die Weltstadt kaum verpassen wollen. Wer direkt nach London oder in die nähere Umgebung fährt, kann auch Brighton, Oxford oder Dover problemlos entdecken. Eltern, die selbst zuletzt als Schüler in London waren, finden nicht nur eine völlig neue Skyline der Stadt vor, sondern auch einige neue Attraktionen, dazu gehören unter anderem das London Eye oder die Millennium Bridge.

Palmen, Strand und Moor

Natürlich kann Südengland auch mit seiner Landschaft und seinem Klima punkten. Es ist mild im Süden und ganz besonders im Südwesten, wo Cornwall und Devon vom nahen Golfstrom profitieren. Sogar Palmen wachsen hier und in den subtropischen Gärten kommt man so manches Mal ins Staunen. Die Sonne scheint im Süden Englands überdurchschnittlich viel, und wenn es doch mal regnet, schaut sie schon bald wieder hinter den Wolken hervor.

Von Kent bis Cornwall zeigt die Natur sich von ihrer schönsten Seite. Steilküsten ermöglichen herrliche Ausblicke. Im Dartmoor (ab S. 75) und Exmoor laufen Schafe frei herum, im New Forest streunen Ponys über die Heide – wo kann man das sonst erleben? Nicht zu vergessen natürlich die 1.600 km lange Küste Südenglands. Dass es nicht so heiß ist wie am Mittelmeer, stört Kinder nicht. Hauptsache, sie können buddeln, Burgen bauen und die Füße ins Wasser stecken. Jugendliche haben ihren Spaß auf einem Surfbrett, ganz besonders in Cornwall, dessen Westküste das pure Surferparadies ist. Auch wer Segeln lernen möchte, findet Anbieter dazu.

Sport und Abenteuer

Ein noch neuer Sport ist das Coasteering. Dabei geht es darum, sich an der felsigen Küste kletternd und schwimmend zu bewegen – geschützt mit Neoprenanzug

Unbekannte Vierbeiner
Ungewohnte Anblicke erwarten deutsche Urlauber auch in Zoos und Tierparks. Im Monkey Rescue Centre (siehe S. 94) etwa leben Wollaffen, im Londoner Zoo (siehe Kasten S. 41) Okapis, im Wingham Wildlife Park (siehe Kasten S. 58) Wasserschweine sowie Wallabys. In Chessington erfährt man, wie Agutis aussehen (siehe S. 89). Bei Longleat kann man sogar auf Safari gehen und Löwen, Giraffen oder Seelöwen begegnen (siehe S. 69).

Surfen

Während man im deutschen Sprachgebrauch unter „Surfen" gemeinhin das Windsurfen versteht, ist das in England anders. Ein Surfkurs bezieht sich auf das Erlernen des Wellenreitens nur mit einem Brett. Diese ist die am weitesten verbreitete Form des Surfens in England. Wer also Windsurfen oder auch Kitesurfen lernen möchte, muss hier genau auf die Wortwahl achten und gegebenenfalls lieber nachfragen.

(wet suit) und Helm. In Cornwall, Devon und Dorset bieten einige Firmen diesen Sport an. Solche Adventure oder Outdoor Centres haben meist auch Klettern, Kajakfahren oder Surfen (siehe Kinderfreundliche Strände ab S. 18) im Angebot und sind in England sehr beliebt. Zudem wurde in den letzten Jahren das Fahrradnetz ausgebaut und vielerorts wird ein Fahrradverleih angeboten. Das National Cycle Network NCN unterhält eine Vielzahl an schönen Routen auch in Südengland. Wer sich also im Urlaub sportlich betätigen will, findet in Südengland reichlich Gelegenheiten dazu.

Historische Spuren

Der Süden Englands ist gespickt mit historischen Spuren. An zauberhaften Steinkreisen aus der Bronzezeit, in römischen Bädern und auf mittelalterlichen Burgen tauchen auch Kinder gern in die Vergangenheit ein. Genau wie in fast allen Museen ist man hier sehr

bemüht um die jungen Besucher. Oft gibt es Trails für Kinder, Rundgänge anhand eines Papiers oder Heftchens mit Ratespielen, kindgerechten Informationen oder Ausmalbildern. Wenn die Eltern beim Übersetzen helfen, kommen auch deutsche Kinder damit klar. Audioguides sind häufig ebenfalls in einer Kinderversion erhältlich. Bei ihrer Benutzung sollten aber schon mindestens Grundkenntnisse im Englischen vorhanden sein. Ganz ohne Sprachkenntnisse lassen sich die Hands-on-Objekte bewundern und betasten. Viele Museen besitzen Stände mit solchen Exponaten, bei denen das Anfassen ausdrücklich erwünscht ist.

Mit dem Nachwuchs essen gehen

Während man auf der einen Seite sehr um die junge Generation bemüht ist, gibt

British Museum

*Wer sich für Geschichte interessiert, sollte einen Abstecher ins **Britische Museum** nicht verpassen. In der Hamlyn Library erhalten Familien kostenlose Rundgänge, am Infotresen Backpacks, mit denen Kinder als Detektive ihren Weg durchs Museum suchen. Täglich zwischen 11 und 16 Uhr werden in mehreren Räumen Objekte zum Anfassen gezeigt (hands on). Great Russell Street, London WC1B 3DG, Tel. +44 (0)20-73 23 80 00, www.british museum.org. Tägl. 10-17.30 Uhr. Eintritt frei.*

es andere Bereiche, in denen (jüngere) Kinder nicht ganz so gern gesehen sind. Somit kann es vorkommen, dass Unterkünfte eine Altersgrenze setzen, ab wann Kinder erlaubt sind. Eine Auswahl an kinderfreundlichen Hotels und Campingplätzen finden Sie hinten in diesem Buch (S. 104 und 109). Auch in Restaurants kann es sein, dass zum Dinner am Abend Kleinkinder unerwünscht sind. Auf der anderen Seite gibt es genügend andere Restaurants, in denen Kinder herzlich willkommen geheißen werden, sie von einer eigenen Karte wählen dürfen und häufig etwas zur Beschäftigung wie Ausmalbögen und Stifte erhalten. Das Rauchen ist seit 2007 in sämtlichen Restaurants sowie Pubs untersagt.

Richtige Planung

Museen sind häufig kostenfrei, während große Attraktionen im Allgemeinen teurer sind als in Deutschland. Andere Sehenswürdigkeiten bieten dafür meist den Kindertarif bis zu einem Alter von 15 oder 16 Jahren an, was das Budget wiederum entlastet. Dabei sind auch verschiedene Pässe hilfreich, die schon vorab von Deutschland aus erworben werden können (siehe S. 105). Bei den meisten Attraktionen lohnt sich die Planung im Voraus, denn durch rechtzeitige Onlinebuchung kann sehr oft noch viel Geld gespart werden.

Die beste Reisezeit liegt zwischen Mai und Oktober. Im Juli und August kann es an der gesamten Küste und an den bekanntesten Sehenswürdigkeiten recht voll werden, denn dann haben auch die englischen Schulkinder Ferien und machen mit ihren Eltern Urlaub. Das gilt ebenfalls für die Bank-Holiday-Tage

(siehe Kasten S. 108). Auf der anderen Seite werden gerade zu diesen Zeiten viele Aktivitäten für Familien angeboten. Deutsche Kinder erhalten hier zwanglos die Möglichkeit, Kontakte zu englischen Kids zu knüpfen.

Wer die Möglichkeit hat, an einer der typisch englischen Veranstaltungen teilzunehmen, kann den britischen Humor und den Hang zu ausgelassenem und bisweilen auch verrücktem Verhalten studieren. Pfannkuchenrennen und Salutschüsse für die Königin, Morris-Tänze, fliegende Männer und das Feuerwerk zur Guy Fawkes Night gehören zweifellos zu den ganz besonderen Vergnügungen, die deutsche Familien nicht so leicht vergessen werden (siehe Feste & Veranstaltungen ab S. 115).

Mmmh, lecker. Die typisch englischen „chips" sind extra breit geschnitten

Was Eltern wissen sollten

Die englische Südküste ist für einen Familienurlaub ideal. Das finden auch die Briten und genießen scharenweise in den Ferien, an Wochenenden und Feiertagen ihre Strände. Zu diesen Zeiten muss man sich also auf viele Menschen einstellen – aber das ist an Nordsee und Mittelmeer ja nicht anders.

Eine Besonderheit der englischen Strände sind die Beach Huts. Diese Strandhütten stehen in vielen Küstenorten wie Mini-Reihenhäuser dicht an dicht an der Promenade. Sie lassen sich tage- oder wochenweise mieten und bieten dann nicht nur Schutz vor Wind, sondern auch Sitzgelegenheiten und einen Platz

Ebbe und Flut

Englands Strände unterliegen den Gezeiten. Weil Baden bei Ebbe nur bedingt möglich ist, sollten Sie sich über die Tidezeiten informieren. Sie werden an den meisten Stränden ausgehängt und können bei den Touristinformationen vor Ort erfragt werden. Außerdem sind sie auf www.tidetimes.org.uk aufgelistet. Ablaufendes Wasser kann aber auch von Vorteil sein, denn so mancher Strand enthüllt erst dann seinen Sand, während der obere Abschnitt noch Kies enthält.

Praktisch am Strand: In den Beach Huts findet so manches seinen Platz

zum Aufbewahren von Schwimmreifen, Eimer und Schaufel sowie sonstigen Strandutensilien. So muss man nicht alles täglich wieder mit sich schleppen – sehr praktisch! Eine Strandhütte kostet im Hochsommer etwa £ 30 bis 40 pro Tag oder £ 140 bis 150 pro Woche. Sie sind vor Ort zu mieten, allerdings auch schnell ausgebucht. Wer sichergehen will, sollte seine Hütte schon von zu Hause aus mieten.

England besitzt sowohl Sand- als auch Kiesstrände, manchmal ist auch beides vorhanden oder der Sand kommt nur bei Ebbe zum Vorschein. Wer Wert auf einen Sandstrand legt, sollte sich den Urlaubsort auch nach diesem Kriterium aussuchen. Kies heißt „pebble" oder, noch etwas gröber, „shingle".

Sicher am Strand

In großen Orten wie Brighton sind an Strandbüros kostenlose Armbänder für Kinder erhältlich, auf die man die Kontaktdaten der Eltern eintragen kann. Geht ein Kind verloren, sind seine Eltern darüber schnell wiedergefunden. Um Kindern die Orientierung zu erleichtern, sind Strandabschnitte häufig mit Schildern gekennzeichnet, die ein bestimmtes Signet abbilden. Die Kleinen müssen sich nur „ihr" Symbol merken und finden leicht zum Platz der Eltern zurück. Ist es im Juli und August warm genug zum Schwimmen, sind eventuell Schwimmschuhe ratsam. Entlang der Südküste kommt nämlich das Petermännchen (weever oder weaver fish) vor, ein Fisch, der sich in den Sand einbuddelt und so nur schlecht erkennbar ist. Er besitzt giftige Stacheln, deren Stiche starke Schwellungen hervorrufen. Das Gift ist relativ harmlos, aber ein Arztbesuch ist danach auf jeden Fall ratsam.

Ob Sonne oder Regen: Am Strand können sich die Kids richtig austoben

Was weht denn da?

An den englischen Stränden werden Sie so manche Fahne entdecken. Weht es rot-gelb, wissen Sie, dass hier Rettungsschwimmer das Geschehen im und am Wasser überwachen. Gebadet werden darf in den Bereichen zwischen den Fahnen und den Bojen. Weht eine rote Fahne, ist das Baden verboten! Eine schwarz-weiß karierte Fahne hingegen bedeutet, dass es sich hier um ein reines Surfgebiet handelt.

Die Wunde sollte mit möglichst heißem Wasser ausgewaschen werden. Genau kennen sollte man auch die Bedeutung der Fahnen, die an den Stränden wehen (siehe Kasten). Die Blaue Fahne (Blue Flag) ist eine Auszeichnung für besonders sauberes Wasser und hohe Sicherheitsstandards. In England durften 2014 insgesamt 55 Strände mit der Blauen Flagge für sich werben, darunter 19 im Südwesten und 15 im Südosten. Ob Ihr Strand dabei ist, können Sie unter www.blueflag.org nachsehen. Sonnenschutz ist auch in England ein Thema, denn die Sonne kann durchaus heiß vom Himmel brennen und am Meer ist die Gefahr eines Sonnenbrands

Nur für Kinder! Mit dem Boot können die Kleinen eine Auszeit genießen

durch die hohe Reflektion noch schneller gegeben. Neben Sonnenmilch mit hohem Lichtschutzfaktor sollten daher auch Sonnenhüte und gute Sonnenbrillen im Gepäck sein.

Aktive Kids

Ein bei den englischen Kindern beliebtes Vergnügen ist Rockpooling. An vielen Stränden bleiben bei Ebbe in den Felsen Gezeitentümpel stehen – mit Wasser gefüllte Löcher. Darin lassen sich Krabben, Krebse, Seeanemonen und vielleicht sogar mal ein Seestern finden. Ein Eimer und ein Netz sind daher nützliche Utensilien, Gummistiefel und ein kindgerechter Führer mit Abbildungen der zu findenden Tiere können ebenfalls hilfreich sein (siehe Kasten S. 32). Die Tiere sollten natürlich immer von Wasser bedeckt sein und nach dem Beobachten wieder zurückgesetzt werden.
Spielplätze in England sind meist vollständig umzäunt, häufig auch bewacht und nachts abgeschlossen. Zutritt haben Erwachsene nur in Begleitung von einem Kind. Typisch sind auch kleine

Bootsteiche nur für Kinder (children's pond). In kleinen Tretbooten können die Jungmatrosen hier übers Wasser schippern. In den Sommermonaten werden an vielen Stränden und in Parks Hüpfburgen und Waterball Pools aufgebaut. In Letzteren steigen die Kinder in große, durchsichtige Kugeln ein, die aufgeblasen werden. Darin können sie dann übers Wasser rollen.

Gesund im Urlaub

Die medizinische Versorgung erfolgt über den National Health Service (NHS), der alle EU-Bürger kostenlos behandelt, das Vorlegen eines Personalausweises oder Reisepasses genügt. Hilfreich im Notfall kann dennoch die europäische Krankenversicherungskarte sein, die Sie

---

Kleiner Familien-Sprachführer

Babynahrung/-milch – baby food
Buggy – pushchair
Flaschenwärmer – bottle warmer
Gitter-/Kinderbett – cot
Hochstuhl – high chair
Kinderarzt – paediatrician
Kinderkarte – children's menu
Kinderwagen – pram
Kleinkind – toddler
Lätzchen – bib
Schnuller – dummy, soother
Schwimmflügel – water wings
Taucherbrille – diving goggles
Wickeltisch – changing facilities, baby changing room
Windeln – nappies

bei Ihrer Krankenversicherung erhalten. Im Krankheitsfall sollten Sie sich an einen Allgemeinmediziner (general practitioner), Zahnarzt (dentist) oder Kinderarzt (paediatrician) wenden, der für den NHS arbeitet. Auch wenn Sie einen Arzt zu sich rufen, sollten Sie sich vergewissern, dass Sie wie ein Patient des Nationalen Gesundheitsdienstes behandelt werden. Der Spitzenverband gesetzlicher Krankenkassen GKV empfiehlt die Frage: „I would like to be treated under the National Health Service, will you please treat me on this basis?" Sie finden Ärzte in Ihrer Nähe auch unter www.nhs.uk. Eine private Auslandsreise-Krankenversicherung deckt im Notfall auch Zusatzkosten wie Rücktransport oder in Großbritannien fällige Zuzahlungen. Diese entstehen z. B. bei zahnärztlichen Behandlungen (Jugendliche bis 18 Jahre sind davon ausgenommen). Pro verschriebenem Medikament wird eine Gebühr fällig (£ 8,05, nicht für Kinder unter 16 Jahren). Ein Rezept heißt „prescription", die Apotheke „pharmacy" oder „chemist".

Verkehrte Welt

Autofahren in England empfinden die meisten Urlauber als einfacher als gedacht. Wer konzentriert links fährt und dies auch bei den häufig vorkommenden Kreiseln bedenkt, hat nichts zu befürchten. Im Leihauto sind die Pedale genauso angeordnet wie in deutschen Autos, nur geschaltet werden muss mit der linken Hand. Im eigenen kontinental gebauten Wagen ist ein Beifahrer beim Überholen hilfreich, weil er die bessere Sicht hat. Parken ist selten kostenlos, weit verbreitet sind Parkscheinauto-

maten (Pay and Display). An Straßen mit einer durchgezogenen gelben Linie am Rand dürfen Sie kurz halten, bei zwei gelben Linien gilt absolutes Halteverbot.

Kindgerecht schlafen

Inwieweit Hotels auf kleinere Kinder eingerichtet und ob Babybetten oder Hochstühle vorhanden sind, sollten Sie im Zweifel vorab klären. Bei Bed & Breakfasts ist man meist in einem Zimmer eines Privathauses untergebracht. Das Guest House ist etwas größer, manche ähneln schon kleinen Hotels. Besonders auf Familien eingestellt sind natürlich Campingplätze und Holiday Parks. Spielplätze und Indoor-/Outdoorpools sowie Restaurants sind auf dem Gelände zu finden, eine familienfreundliche Ausstattung ist Standard. Bei Bedarf sollten Sie aber auch hier vorab nach Kinderbetten fragen. Einige kinderfreundliche Plätze und Unterkünfte finden Sie auf den Seiten 104 und 109.

Sind die Engländer wirklich so höflich?

Menschenschlangen etwa beim Einsteigen in den Bus sind nach wie vor Usus und Höflichkeit oberstes Gebot. Auch die Regel, dass sich in der U-Bahn selbst derjenige entschuldigt, dem auf den Fuß getreten wurde, ist keine Legende. Die zuvorkommende und sehr freundliche Behandlung auch in Restaurants ist bisweilen gepaart mit lockeren Sprüchen wie „hi guys".

Essen & Trinken

Befürchtungen wegen des englischen Essens sollten Sie über Bord werfen. Überall kann man hervorragend essen, und das nicht nur, aber auch, dank Jamie Oliver (siehe Kästen S. 72 und 82), dem Fernsehkoch und Autor einiger Kochbücher. Eine stattliche Anzahl englischer Köche wurde mit Michelin-Sternen ausgezeichnet. Es gibt also keinen Grund, die englische Küche meiden zu wollen!

Breakfast, Lunch und Dinner

Zugegeben, das englische Frühstück ist nicht jedermanns Sache. Da als Einstieg Cornflakes immer zu haben sind, dürften auch Kinder morgens satt werden. Anschließend lässt sich das warme Frühstück ordern, wahlweise mit Spiegel- oder Rührei (fried oder scrambled eggs), Würstchen (sausages), Speck (bacon), Bohnen (beans) sowie manchmal auch mit Tomate (grilled tomato). Anschließend wird Toast serviert. In vielen Hotels ist auch ein Continental Breakfast erhältlich. Dann erhalten Sie Toastbrot, Croissants sowie Aufschnitt und Marmelade. Lunch nennt sich das Mittagessen. Es wird im Allgemeinen in ungezwungenerer Atmosphäre eingenommen als das abendliche Dinner und ist weniger gehaltvoll. Eine Suppe, ein Sandwich oder eine Pastete sind typische Mittagsgerichte. Zwischendurch nimmt der Engländer seinen Afternoon Tea zu sich.

Internationale Küche

Die englische Küche ist, auch durch ihre lange Zeit als Kolonialmacht, sehr stark international geprägt. Vor allem indische

Essen wie der Schäfer

Shepherd's Pie schmeckt auch zu Hause! Dafür 500 g Kartoffeln kochen und mit 200 ml warmer Milch und darin geschmolzenen 25 g Butter zu einem Püree zerdrücken, salzen. Inzwischen 600 g Hackfleisch mit Würfeln von einer Zwiebel krümelig anbraten, mit 3 EL Tomatenmark, Salz, Pfeffer und 100 ml Gemüsebrühe würzen. Das Fleisch in eine gefettete und feuerfeste Form füllen, darüber wahlweise Erbsen und Möhren verteilen, darauf den Kartoffelbrei schichten, Butterflöckchen darüber verteilen. Bei 200 Grad (Umluft: 180 Grad) Celsius 30 Minuten backen.

Restaurants sind hier überaus häufig anzutreffen. Currygerichte erfreuen sich großer Beliebtheit. Dabei handelt es sich um ein Hauptgericht mit Fleischstückchen in Soße, manchmal auch mit Fisch oder Gemüse. Dazu wird Reis oder Naan-Brot serviert. Bei dem Currygericht „Chicken Tikka Masala" werden Hähnchenfleischstückchen in einer milden Tomatensauce angerichtet.

Wer mit seinen Kindern Pizza oder Pasta bevorzugt, findet ebenfalls eine große Anzahl an italienischen Restaurants. Etwas weiter verbreitet als in Deutschland sind hier auch vegetarische Restaurants. An der Küste gibt es außerdem eine große Anzahl an Fischrestaurants (seafood restaurants).

Die englischen Klassiker sind eher in Pubs erhältlich. Dazu gehört beispielsweise der Ploughman's Lunch, eine dicke Scheibe Käse mit Brot und Gewürzgurke. Bei Kindern beliebt ist der Shepherd's Pie (siehe Kasten). Dabei wird Hackfleisch mit Kartoffelbrei überbacken. Früher wurde das Gericht dem Schäfer auf seine Weide gebracht und dank der Kartoffelkruste hielt es besonders lange warm.

Typisch Englisch

Traditionell sonntags wird der Sunday Roast gegessen. Einige Pubs und Restaurants bieten das Gericht tatsächlich nur sonntags an, andere aber durchaus die ganze Woche. „Roast" selbst bezeichnet nur den Braten. Dieser kann aus jeder Art von Fleisch zubereitet werden, z. B. Rind (beef), Huhn (chicken), Lamm (lamb) oder Schwein (pork). Als Beilagen dienen Röstkartoffeln, Gemüse (meist Erbsen) und Yorkshire Pudding. Der wird aus einer Art Pfannkuchenteig hergestellt und unter dem Braten im Ofen gegart. Da Engländer Soßen lieben, darf diese natürlich nicht fehlen. Zu Lammgerichten wird traditionell eine Minzsoße gereicht, zu Rind Meerrettichsoße (horseradish) oder eine Senfsoße (mustard), zu Schweinebraten eine Apfelsauce.

Pies werden gebacken. Dabei wird entweder etwas überbacken oder es handelt sich um geschlossene Teigtaschen. Beide Formen gibt es in herzhafter und süßer Variante. Als Kruste kommen Blätterteig oder Mürbeteig in Frage.

Eine geschlossene Teigtasche ist auch die Cornish Pasty. Die Arbeiter in den Zinnbergwerken nahmen die halbrunden heißen Taschen mit unter die Erde, denn durch den Teigmantel hielten sie sich lange warm. Inzwischen finden sich selbst in London Stände, die die leckeren Pasteten verkaufen. Die typische Füllung besteht aus Fleisch, Kartoffeln, Zwiebeln und Steckrüben (swedes).

Fish & Chips sind nach wie vor sehr beliebt in Großbritannien. Erhältlich ist der Fisch mit Pommes frites sowohl an Ständen zum Mitnehmen in der typischen Papiertüte als auch in Pubs und sogar in Restaurants. Dort hat man manchmal auch die Wahl zwischen verschiedenen Fischsorten, nicht nur den üblicherweise verwendeten Kabeljau (cod), sondern auch Schellfisch (haddock) oder Heilbutt (halibut). Fish & Chips mögen auch die meisten Kinder – oder zumindest die Chips, die in England etwas dicker als hierzulande zubereitet werden. Auf der Kinderkarte findet man ansonsten auch gern Nudeln oder Würstchen. Hinter dem merkwürdig klingenden „Toad in the Hole" verbirgt sich ein Würstchen im Schlafrock.

Mit einem Sunday Roast lässt sich der Sonntag beschließen

Der Klassiker: Fish & Chips sind in England an jeder Ecke erhältlich

Und was gibt es zum Nachtisch? Schokoladenkuchen (chocolate cake) ist genauso anzutreffen wie Käsekuchen (cheese cake), oft mit Soßen angerichtet, z. B. Schokosoße oder Custard, eine Art Vanillesauce. Typisch englisch ist der Crumble: Kleingeschnittenes Obst wird mit Streuseln überbacken und mit einer Kugel Eis serviert.

Getränkeauswahl

An heißen Getränken bevorzugt der Engländer nach wie vor seinen Tee. Somit ist der Kaffee in Hotels oft nicht besonders gut. Wer sich zwischendurch aufmuntern möchte, sollte zu einer der bekannten Kaffeehausketten ausweichen.

In einem Pub wird alles direkt an der Theke bestellt. Ein Pint Bier entspricht dabei 0,56 l. Es wird sogar Wein im Süden Englands angebaut und der kann sich durchaus sehen – und schmecken – lassen. Für guten Cider sind Cornwall und Devon bekannt.

Aufgepasst: Bestellen Sie einfaches „water", bekommen Sie immer Wasser ohne Kohlensäure. Wasser mit Kohlensäure muss ausdrücklich geordert werden (sparkling oder fizzy water). Im Restaurant bekommen Sie manchmal zu Ihrem Getränk ein Glas Leitungswasser dazu (tap water). Sie können aber auch immer danach fragen, es wird generell nichts extra dafür berechnet.

Kinder ab 14 Jahren erhalten in Begleitung eines Elternteils Zutritt in einen Pub, wenn Speisen bestellt werden. Mit jüngeren Kindern sollte man im Zweifelsfall einfach nachfragen, denn oft gibt es auch ein spezielles Familienzimmer (Family Room). Im Garten dürfen Familien ebenfalls ganz unabhängig vom Alter der Kinder sitzen.

Kulinarischer Sprachführer

batter – eine Art Pfannkuchenteig, auch als Teighülle für Fish & Chips
black pudding – Blutwurst
carvery – in Scheiben geschnittenes Fleisch
course – Gang
custard – Vanillesoße, Englische Crème
dessert – Nachtisch
gravy – Bratensoße
jacket potato – Folienkartoffel
main dish – Hauptgericht
mashed potatoes, mash – Kartoffelbrei
peas – Erbsen
Ploughman's Lunch – Brot mit Käse und Gurke
puff pastry – Blätterteig
rocket – Rucola
starter – Vorspeise

KINDERFREUNDLICHE STRAND- UND FREIBÄDER

Hyde Park Lido

Abkühlung von der Großstadt verspricht an heißen Sommertagen das **Serpentine Lido** (Strandbad) im Hyde Park. In dem lang gestreckten See wurde ein 100 Yard (91 m) langes Gebiet für Schwimmer abgeteilt. Für Kinder gibt es auf dem Gelände ein rundes Planschbecken, gleich nebenan können sie sich auf dem Spielplatz austoben. Für ein Sonnenbad lassen sich Liegestühle ausleihen. Im **Lido Café** sind Speisen und Getränke erhältlich. Der Serpentine-See entstand schon 1730, als man den Fluss Westbourne auf Wunsch von Königin Caroline, der Frau von George II., staute. Wer nur kurz seine Füße kühlen möchte, kann auch den **Diana Memorial**

Jetzt fahr'n wir übern See
Am Nordufer des Serpentine-Sees können Sie im Bootshaus Ruder- und Tretboote ausleihen. Von März bis September an den Wochenenden und in den Ferien täglich umrundet auch der Solarshuttle ab 12 Uhr den See und bringt Sie alle 30. Min vom Nord- zum Südufer und umgekehrt. **The Boat House,** *Serpentine Road, Hyde Park, London W2 2UH, Tel. +44 (0)20-72 62 13 30, www.solarshuttle.co.uk. Ostern-Okt tägl. ab 10 Uhr bis Sonnenuntergang. Bootsverleih 1 Std. Erw. £ 12, Kinder (bis 15 J.) £ 5, Familien £ 29.*

Fountain aufsuchen. Der steinerne Bachlauf windet sich nur wenige Meter neben dem Lido in einem geschwungenen Oval durch den Hyde Park. Zu fast jeder Jahreszeit sieht man hier Groß und Klein mit hochgekrempelten Hosen am Rand sitzen oder durchs Wasser waten. Er ist täglich ab 10 Uhr geöffnet, in den Sommermonaten bis 20 Uhr.

Diana Memorial Fountain: eine Oase zum Abkühlen mitten in der Stadt

Hyde Park Lido, Hyde Park, London W2 2UH, Tel. +44 (0)20-77 06 34 22, www.royalparks.org.uk. Mai (Sa/So), Juni-Mitte Sep tägl. 10-18 Uhr. Erw. £ 4,60, Kinder (3-15 J.) £ 1,50, Familien £ 10,50, Ermäßigung ab 16 Uhr. Lido Café, www.lidohydepark.co.uk. Tägl. ab 8 Uhr. Kinderteller £ 4,60. Anfahrt: U Hyde Park Corner oder Knightsbridge. Mit dem Bus: Linie 9, 10, 52 oder 70 zur Royal Albert Hall.

Parliament Hill Lido

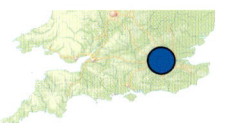

Hampstead Heath ist ein großes Waldgebiet und beliebtes Naherholungsziel vieler Londoner. Es ist benannt nach der Heide, die hier wächst. Im Südosten des großzügigen Geländes erhebt sich der Parliament Hill fast 100 m über Normalnull. Hier steht zwar nicht das Parlament, aber man hat von dem Hügel einen schönen Blick hinüber. Nicht nur Westminster ist von dort zu sehen, sondern auch bekannte Attraktionen wie das London Eye (siehe S. 36) oder das Finanzzentrum Canary Wharf. Für sommerliche Erfrischung ist natürlich ebenfalls gesorgt. Das **Freibad** versprüht zwar noch den Charme der 1930er-Jahre, wurde dazu aber mit modernen Annehmlichkeiten ausgestattet. So gibt es auch ein Planschbecken, und das Schwimmbecken wurde vollständig erneuert. Es ist jetzt aus Stahl gefertigt und misst 60 mal 27 m. Da bleibt genügend Platz, auch wenn heißes Wetter für einen Ansturm an Badegästen sorgt. Der flache Einstieg wurde vergrößert, sodass hier auch Kinder leichter in das Vergnügen finden können.

Nicht weit entfernt vom Freibad gibt es einen **Spielplatz**. Sie erreichen ihn, wenn Sie den Weg an den Gleisen nehmen und an der Laufbahn vorbeigehen. Zu dem Spielplatz gehört auch ein Planschbecken, welches jährlich zwischen Mai und September geöffnet ist.

Im Freibad lässt sich der Nachmittag schön verplanschen

Parliament Hill Lido, Parliament Hill Fields, Gordon House Road, Hampstead NW5, Tel. +44 (0)20-74 85 38 73, www.cityoflondon.gov.uk. Mai-Mitte Sep tägl. 7-9 und 10-18 Uhr, Winterschwimmen: Mitte Sep-April tägl. 7-12 Uhr. Erw. £ 5,50, Kinder £ 3,50, Familien £ 14,50. Früh- und Winterschwimmen £ 2, Kinder (bis 16 J.) frei.
Anfahrt: *Overground bis Gospel Oak. Buslinie 24 bis Royal Free Hospital oder Bus C11 bis Gospel Oak Station. Das Freibad befindet sich in der südöstlichsten Ecke von Hampstead Heath.*

Margate –
Main Sands und Westbrook Bay

Margate hat das Glück, gleich zwei Sandstrände zu besitzen. Beide sind jeweils 200 m breit. An den zentral gelegenen **Main Sands** ist immer etwas los. Wer gerade keine Sandburg baut, kann einen Eselsritt unternehmen, in der Hüpfburg springen oder Karussell fahren. Deckchairs und Sonnenliegen können ausgeliehen werden. Strandabschnitte sind durch Schilder mit darauf abgebildeten Tieren gekennzeichnet – so finden Kinder den Platz der Eltern schnell wieder. An der Promenade reichen sich Cafés, Eisverkäufer und Snackbars die Hand. Westlich von Main Sands liegt die **Westbrook Bay**. Der Strand wurde mit der begehrten Blauen Flagge für hohe Sicherheitsstandards und sauberes Wasser ausgezeichnet. Hier geht es ein wenig ruhiger zu. Für

Mysteriös

Vom Main-Sands-Strand sind es etwa 700 m zu Fuß bis zur **Shell Grotto**, *die mit unzähligen Muschelschalen bedeckt ist. 1835 entdeckte ein Einheimischer die Grotte zufällig, als er einen Teich ausheben wollte und dabei einstürzte. Man weiß bis heute nicht, wer dieses Kunstwerk geschaffen hat. Grotto Hill, Margate, www.shellgrotto. co.uk. Karfreitag bis Halloween tägl. 10-17, sonst Sa/So 11-16 Uhr. Erw. £ 3,50, Kinder £ 1,50, Familien £ 8.*

Spielspaß sorgt **Strokes Adventure Golf**. 18 Löcher können gespielt werden. Die Anlage liegt direkt am Meer [Westbrook Promenade, Tel. +44 (0)1843-29 49 70, www.strokesadventuregolf.com. April-Okt. Erw. £ 4,50, Kinder (ab 3 J.) £ 3,50, Familien £ 14].

Margate Main Sands, Marine Terrace, Margate CT9 1XJ, und Westbrook Bay, Royal Esplanade, Margate CT9 5DL, beide: Tel. +44 (0)1843-57 75 77 (Visitor Information Centre), www.visitthanet.co.uk.
Anfahrt: *Auto: A 28 von Canterbury. Zug: bis Margate, der Bahnhof ist von beiden Stränden nur etwa 400 m Fußweg entfernt.*

Die Strände von Margate wurden für ihr sauberes Wasser ausgezeichnet

Hastings – Pelham Beach

Hastings' Strand ist stolze 5 km lang und bietet somit reichlich Platz für Sonnenanbeter und Wasserratten. Er besteht hauptsächlich aus Kies, aber bei Ebbe kann man auch im Sand buddeln. Zu den Besonderheiten an der Promenade gehören die Net Shops. Dabei handelt es sich um hohe, schmale Holzhäuschen, in denen die Fischer ihre Netze aufhängten. Ebenfalls ungewöhnlich sind die beiden schrägen Standseilbahnen, die Strandbesucher an die Spitze des East oder West Hill bringen. Der East Hill Lift führt zum Country Park, der West Hill Lift zur Burg und den St. Clements Caves (siehe Kasten S. 22). Der Strand ist in acht Bereiche eingeteilt, die jeweils mit einem Signet gekennzeichnet sind, z. B. Seestern oder Delfin. Am Strandbüro sind kostenlose Armbänder erhältlich, auf denen Kontaktdaten stehen, falls Ihr Kind verloren geht. Liegestühle werden an der Lifeguard Station (unterhalb des Pelham Place) verliehen (halber Tag £ 1, ganzer Tag £ 2). Unterhalb des Pelham Place lassen sich direkt am Strand bei **Adventure & Crazy Golf** die Schläger schwingen, und das gleich auf drei Parcours, darunter auch Piratengolf mit Schiffen, Kanonen und manch spritziger Überraschung. Schläger sind in fünf Größen erhältlich, sodass auch Kinder das passende Gerät bekommen [Pelham Place, Hastings TN34 3AJ, Tel. +44 (0)1424-43 72 27, www.hastingsadventuregolf.com.

Mit einer Standseilbahn fährt es sich leicht zum East oder West Hill

April-Okt tägl. 9-22, Nov-März tägl. 10-17 Uhr. Erw. und Kinder (ab 5 J.) £ 6,50, Kinder (bis 5 J.) £ 3,25, Familien (4 Pers.) £ 22.

Nur einen Katzensprung weiter nach Osten befindet sich der **Flamingo Park** [www.flamingoamusementpark.com], eine Art Jahrmarkt mit Fahrgeschäften wie Speed Wave oder Ghost Train, Autoscootern und Karussells. Eine Miniatureisenbahn tuckert den Strand entlang. Flotte Runden lassen sich bei F8 Karting drehen, die eine Kartbahn für jüngere und eine für ältere Kinder und Erwachsene anbieten. Etwas geruhsamer geht es in den Schwanentretbooten zu, mit denen Sie entspannt über einen See schippern können.

Tourist Information, Aquila House, Breeds Place, Hastings TN34 3UY, Tel. +44 (0)1424-45 11 11, www.visit1066country.com. April-Okt Mo-Fr 9-17 , Sa 9.30-17.30, So 10.30-16 , Nov-März Mo-Fr 9-17 , Sa 10-16, So 10.30-13 Uhr

Historisches, Abenteuerliches oder Maritimes?

*Gleich drei Attraktionen hat Hastings Familien zu bieten. Auf der Burgruine wird die Zeit in der **1066 Story** dahin zurückgedreht, als die Eroberung der Insel durch die Normannen unter William the Conquerer ihren Anfang nahm. In den **St. Clements Caves** hingegen lebt die Zeit der Schmuggler in Smugglers Adventure wieder auf. Haie und Seepferdchen gibt es im **Blue Reef Aquarium** zu sehen. Infos unter www.discoverhastings.co.uk.*

Anfahrt: *Auto: von Norden über die M 25, A 21, von Ost und West A 259. Parkplätze an der Promenade. Zug: direkte Bahnanbindung, 1 km Fußweg über Havelock Road und Wellington Place zum West Hill Lift.*

Brighton

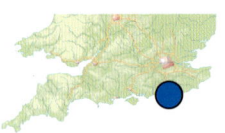

Das größte Seebad Englands besitzt einen endlos langen Strand. Er zieht sich über 8 km vom westlichen Ende bis zur Marina im Osten. Er besteht aus Kies – angeblich aus 614 Billionen Steinen. Das tut dem Vergnügen jedoch keinen Abbruch. Neben Badespaß locken vielfältige Sportangebote sowie verschiedene Spielplätze.

Östlich vom Brighton Pier, auf halber Strecke zur Marina, hat **Yellowave Beach Sports** sein Areal. Tolle Sportarten wie Volleyball, Fußball, Rugby oder Frisbee – alles kann im feinen Sand gespielt werden. Für Kinder aller Altersklassen gibt es ein eigenes Programm. Eltern können im Café auf ihren Nachwuchs warten. Gleich neben Yellowave befindet sich der **Peter Pan Playground**. Jüngere

Kinder fühlen sich auf den bunten Geräten pudelwohl und rutschen, klettern oder erfrischen sich an den Wasserspielen. In **Grace's Place** gibt es Kaffee, Sandwiches und Kuchen (tägl. 9-18 Uhr). Wer noch Lust hat auf eine Runde Abenteuergolf, ist hier genau richtig (£ 4 pro Person).

Direkt am Brighton Pier können Sie **Minigolf** spielen, welches man in England Crazy Golf nennt. 18 Bahnen gilt es dort zu bewältigen (£ 2,50 pro Person). Der Strand direkt westlich vom Pier nennt sich Pleasure Beach. Hier dreht sich in den Sommermonaten ein viktorianisches Karussell.

Noch weiter westlich, unterhalb der King's Road, am ehemaligen West Pier, ist die Infrastruktur für Familien ebenfalls gut. Auch hier gibt es einen **Spielplatz**. Ein Planschbecken und auch allerlei Wasserspiele stehen zwischen Ende Mai und Anfang September täg-

Das Crazy Golf am Brighton Pier bietet Spaß für Groß und Klein

lich von 10 bis 19 Uhr zur kostenfreien Benutzung. Kostenpflichtig sind die Hüpfburg (£ 2,50) und die großen Wasserbälle zum Einsteigen und Übers-Wasser-Rollen (£ 5).

Yellowave Beach Sports, 299 Madeira Drive, Brighton BN2 1EN, Tel. +44 (0)1273-67 22 22, www.yellowave. co.uk. Mai-Sep Mo-Fr 10-22, Sa/ So 10-20 Uhr, Okt-April verkürzte Zeiten. Beachvolleyball £ 21/Stunde inkl. Ball, Kindervolleyball £ 2-3,50/ Stunde, Boulderwand (ab 6 J.) £ 2,50, Sportkurse für Kinder £ 22-33/Woche. **Anfahrt:** *Auto: M 23 von London und M 27 aus dem Südwesten, Parkplätze am Madeira Drive oder in The Lanes Carpark. Den gesamten Strand entlang fährt die älteste elektrische Straßenbahn Großbritanniens, die Volk's Electric Railway (siehe S. 65). Zug: Vom Bahnhof sind es 1,4 km zu Fuß zum Pier.*

FATleo

*In den sogenannten Lanes, einem hübschen Viertel mit schmalen Gassen nah am Brighton Pier, können Sie sich bei **FATleo** stärken. Wer Pizza oder Nudeln als Hauptgericht bestellt, kann zusätzlich eine Vorspeise oder einen Nachtisch wählen für insgesamt £ 7,50 (Sa £ 8,70), bei drei Gängen zahlen Sie £ 9,50 (Sa £ 10,70). FATleo, 16-17 Market Street, Brighton BN1 BHH, Tel. +44 (0)1273-32 51 35. Tägl. 12-22 Uhr.*

Bournemouth

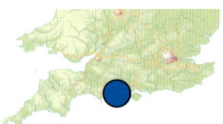

Bournemouth ist ein beliebtes Seebad in der Grafschaft Dorset. Mit einer Länge von mehr als 10 km erstreckt sich der Sandstrand unterhalb der Klippen von Sandbanks im Westen bis Hengistbury Head im Osten. Wer es trubelig mag, sucht sich ein zentrales Plätzchen in der Nähe des Piers. Ruhiger wird es, je weiter man sich von hier entfernt. Schnellen Zugang zum Wasser bieten die beiden **Standseilbahnen** (West und East Cliff Lift). Am Strandbüro sind Armbänder für Kinder erhältlich, mithilfe derer sie im Notfall zu ihren Eltern zurückgebracht werden können.

Der Pier stammt von 1880 und ragt 300 m weit ins Meer. Auf ihm befinden sich ein Theater, das Key West Restaurant und Läden. Außerdem starten von hier verschiedene Bootstouren, z. B. die **Dorset Cruises** (www.dorsetcruises.co.uk). Vor dem Pier dreht sich im Sommer ein Karussell und verschiedene Automaten versprechen typisch britisches „amusement".

Sportlich Ambitionierte besuchen die **Bournemouth Surf School** Richtung

Baden, Surfen, Karussell fahren: Am Strand von Bournemouth ist alles möglich

Zu Hai und Schildkröte

*Direkt am Pier befindet sich das **Oceanarium**. Das Aquarium ist Heimat von Haien, Schildkröten und anderen Meeresbewohnern. Im interaktiven Tauchkäfig geht es virtuell in die Tiefe. Das Café bietet einen tollen Blick auf die Küste, bei guter Sicht bis zu den Needles der Isle of Wight. Pier Approach, West Beach, BH2 5AA, Tel. +44 (0)1202-31 19 93, www.oceanarium.co.uk. Tägl. 10-18, Winter bis 17 Uhr. Erw. £ 9,95, Kinder (3-15 J.) £ 6,50, Familien (4 Pers.) £ 25,95.*

Boscombe, die auch Kurse für Anfänger anbietet [www.bournemouthsurfschool. co.uk, Tel. +44 (0)7733-89 55 38. 2-Std.-Surfkurs (bis 16 J.) £ 30, (ab 16 J.) £ 35]. Weitere Wassersportmöglichkeiten bestehen für Jetski, Segeln, Kitesurfen oder auch für Paddeln (www.coast withthemost.com).

Kleine Stranderkundung?

Am Strand stehen 250 der traditionellen **Strandhütten** (Beach Huts), die Sie mieten können [www.bournemouthbeach huts.co.uk, Hochsommer (Juli/August) £ 36/Tag oder £ 145/Woche]. Wollen Sie den Strand erkunden, ohne dass die Kinder quengeln? Dann nehmen Sie doch einfach den Land Train (März-Okt, alle 20 Min.). Für £ 5 kommt die ganze Familie mit. Etwas östlich vom Pier befindet sich auch ein **Fahrradverleih** [www. front-bike-hire.co.uk, z. B. 4 Std. £ 10, Kinderrad £ 7,50]. Richtung Poole liegt

der **Durley Chine Beach**, der sich mit einer Blauen Flagge für hervorragende Qualität schmücken darf. Hier können Sie Tretboote mieten. Der Zug fährt weiter bis zum Strand von **Alum Chine**, wo Kinder sich mit Vergnügen auf dem Schatzinselspielplatz austoben können. Dieser grenzt direkt an das Restaurant Vesuvio, welches auch Kinderteller auf seiner Speisekarte hat.

Vom Pier bis zum nahen Zentrum ziehen sich entlang des River Bourne hübsche Gärten. Im unteren Bereich heißen sie Lower Gardens. Hier können Sie in die Luft gehen, und zwar mit dem **Bournemouth Balloon**, einem fest installierten Fesselballon [The Lower Gardens, Tel. +44 (0)1202-31 45 39, www.bourne mouthballoon.com. Ostern-Sep tägl. 10-23, Okt-Ostern Mo-Fr 11-17, Sa/So 10.30-18 Uhr. Erw. £ 12,50, Kinder (2-14 J.) £ 7,50, Familien £ 35]. In den Gärten gibt es auch Bungeetrampoline und eine Minigolfbahn, im August wird täglich ein kostenloses Kinderprogramm geboten.

Visitor Information Centre, Westover Drive, Bournemouth BH1 2BU, Tel. +44 (0)845-051 17 00, www. bournemouth.co.uk.
***Anfahrt:** Auto: von London M 3 und M 27, von Osten M 27, dann weiter auf der A 31 und A 338, Parkplätze im Zentrum, z. B. am Exeter Crescent (Eden Glen), 400 m durch die Central Gardens zum Strand. Noch näher parken Sie im International Centre (BIC, Zufahrt über Exeter Road). Zug: Vom Bahnhof sind es knapp 2 km bis zum Pier. Bus ab Haltestelle 6 zum Strand: 3, H23, M1.*

Lyme Regis

Lyme Regis, die Perle von Dorset, liegt an der **Jurassic Coast**, die zum Weltkulturerbe der UNESCO gehört. Die Hafenmauer, The Cobb, ist das Wahrzeichen des Ortes. Der **Town Beach** erstreckt sich über 500 m vom Hafen nach Osten. Er ist mit feinem Sand bedeckt – Eimer und Schaufeln nicht vergessen! Direkt an der Promenade locken Cafés und Restaurants, z. B. **By the Bay**, wo es viele Gerichte auch als Kinderportion zum halben Preis gibt. Oberhalb der Promenade liegen die Langmoor Gardens, wo beim **Minigolf** geschickte Schläge gefragt sind (Erw. £ 2,50, Kinder (bis 14 J.) £ 1,25). Lieber raus aufs Wasser? Mit der **Marie F.** schippern Sie hinaus und

Fossilien

*In Lyme Regis ist die Wahrscheinlichkeit, Fossilien zu finden, besonders groß. Ein ganzes Dinosaurierskelett fand 1811 die 12-jährige Mary Anning. Im strandnahen **Dinosaurland Fossil Museum** ist darüber mehr zu erfahren (Coombe Street, Tel. +44 (0)1297-44 35 41, www.dinosaurland.co.uk. Feb-Okt tägl. 10-17 Uhr. Erw. £ 5, Kinder £ 4, Familien £ 16). Vielversprechende Fundorte sind außerdem der Strand westlich von **The Cobb** (Monmouth Beach) und das 1,5 km östlich liegende **Charmouth** mit einem schönen Besucherzentrum (tägl. 10.30-16.30 Uhr, Nov-März nur Do-So, Eintritt frei). Achten Sie bei der Suche in Strandnähe auf die Gezeiten!*

fangen Makrelen [Tel. +44 (0)7974-75 32 87, www.mackerelfishinglymeregis.com. Mehrmals täglich. Erw. £ 9, Kinder £ 6]. Sehenswert ist auch das Meeres-**Aquarium** am Hafen. [Tel. +44 (0)1297-44 42 30, www.lymeregismarineaquarium. co.uk. März-Okt tägl. 10-17 Uhr. Erw. £ 5, Kinder £ 4,50].

Tourist Information Centre, Church Street, Lyme Regis DT7 3BS, Tel. +44 (0)1297-44 21 38, www.lymeregis. org. April-Okt Mo-Sa 10-17, So 10-16, Nov-März Mo-Sa 10-15 Uhr.
Anfahrt: *A 3052, Parkplätze über Cobb Road. Keine Zugverbindung.*

Die Hafenmauer von Lyme Regis ist schon von Weitem zu erkennen

Falmouth

Feiner goldener Sand ist das Kennzeichen von **Gyllyng-vase Beach** bei Falmouth. In einem kleinen Bogen zieht er sich über 400 m entlang der Südküste von Cornwall, etwa zehn Minuten vom Stadtzentrum entfernt. Direkt oberhalb des Strandes thront das **Gylly Beach Café**, das nicht nur wunderschöne Aussichten aufs Meer bietet, sondern auch leckeres und frisches Essen [Cliff Road, Tel. +44 (0)1326-31 28 84, www.gylly beach.com. Tägl. ab 9 Uhr].

Seit 2011 ist die **WESUP-Paddleboard-Schule** am Strand beheimatet. Knieend oder stehend bewegt man sich auf dem Brett paddelnd fort. Daher kommt auch die Abkürzung SUP: Stand Up Paddleboarding. WESUP verleiht die Bretter und gibt Kurse [Anmeldung unter Tel. +44 (0)7789-71 74 49, www.wesup.co.uk. 1,5-Std.-Kurs (inkl. Ausrüstung) £ 35, Boardverleih: 1 Std. £ 10].

Weitere empfehlenswerte Strände bei Falmouth sind Castle Beach unterhalb von Pendennis Castle sowie östlich gelegen Swanpool Beach und Maenporth Beach. Sehenswert in Falmouth ist auch das **National Maritime Museum** am Hafen mit Booten jedes Zeitalters. [Discovery Quay, Tel. +44 (0)1326-31 33 88, www.nmmc.co.uk. Tägl. 10-17 Uhr. Erw. £ 11,50, Kinder (6-15 J.) £ 8, Familien £ 32]. Ein ganz besonderes Erlebnis ist die **Orca Sea Safari**, auf der mit etwas Glück Delfine, Riesenhaie, Zwergwale und Seehunde erspäht werden können.

Wie Gold glänzt der feine Sandstrand von Falmouth im Sonnenlicht

[Tel. +44 (0)1326-21 49 28, www.falriver. co.uk. Im Mai-Mitte Sep tägl. Abfahrten 10 und 13 Uhr. 2-Std.-Trip Erw. £ 37,53, Kinder (6-16 J.) £ 26,60, Online-Ermäßigung, nur für Kinder ab 6 Jahren, Schwangere dürfen nicht teilnehmen.

Tourist Information Centre, 11 Market Strand, Prince of Wales Pier, Tel. +44 (0)1326-74 11 94, www. falmouth.co.uk. Mo-Fr 9-17 Uhr.
Anfahrt: *Auto: A 39 von Bath immer weiter folgen, über Cliff Drive und Cliff Road nach Gyllyngvase, etwas kürzer über Pennance Road und Spernen Wyn Road. Parkplätze finden sich oberhalb des Strandes.*
Zug: Bahn von Truro bis Falmouth Town Station, 800 m Fußweg bis zum Strand.

St. Ives – Porthmeor Beach und Porthminster Beach

Mehrere hübsche Strände besitzt St. Ives selbst, weitere ziehen sich die St. Ives Bay entlang. Nah beim Zentrum liegen sowohl Porthmeor als auch Porthminster Beach. Beide zeichnen sich durch feinen weißen Sand aus und werden im Sommer von Rettungsschwimmern überwacht. Mit etwas Glück können Sie Delfine oder Riesenhaie sehen – letztere ernähren sich nur von Plankton, es besteht also überhaupt kein Grund zur Sorge!

Der Strand von **Porthmeor** liegt westlich der Landspitze und ist 600 m lang. Hier befindet sich die Surfschule des Ortes [www.stivessurfschool.co.uk.], und auch ein Strandcafé ist nicht weit (www.porthmeor-beach.co.uk), Kunstfreunde freuen sich auf eine Stippvisite in der **Tate St. Ives** [www.tate.org.uk. Tägl. 10-17.20, Nov-Feb bis 16.20 Uhr. Erw. £ 7, Kinder £ 4,50] direkt oberhalb vom Strand. Die Kunstgalerie bietet auch für Kinder ein Programm, vom Tate-Café aus blickt man direkt aufs Meer.

Porthminster Beach liegt östlich der Landspitze und gehört schon zur St. Ives Bay. Wer mit dem Zug anreist, blickt vom Bahnhof bereits aufs Meer. Der Strand misst 500 m in der Länge. Im **Porthminster Beach Café** können Sie nach dem Baden relaxen [www.porthminstercafe.co.uk. Tägl. ab 9.30 Uhr], außerdem gibt es einen Minigolfplatz mit insgesamt 18 Bahnen.

St. Ives Tourist Information Centre, The Guildhall, Street-an-Pol, St. Ives TR26 2DS, Tel. +44 (0)1736-79 62 97, www.stivestic.co.uk.

Anfahrt: *Auto: A 30 von Exeter, Abzweig A 3074 bis St. Ives. Für Porthminster bald nach Ortseingang rechts in Primrose Valley, Parkplätze am Bahnhof. Für Porthmeor Hauptstraße weiter folgen (B 3306) bis Bullan's Lane, dort rechts, Alexandra Road rechts, links Porthmeor Hill. Zug: Bahn bis St. Ives, direkt am Porthminster Beach, von dort 1 km Fußweg bis zum Porthmeor Beach (über Warren, Pednolva Walk, Wharf Road, Bunkers Hill).*

An der St. Ives Bay sollten Sie nach Rückenflossen Ausschau halten

Newquay

Newquay ist das Surfer-paradies von Cornwall, wenn nicht von ganz England. Vor allem **Fistral Beach** westlich vom Zentrum ist bekannt für seine Wellen, die der Atlantik hier besonders spektakulär auftürmt. Eine **Surfschule** nimmt sich Neulingen auf den Brettern an [Tel. +44 (0)7739-53 62 11, www.fistralsurfschool.co.uk. 2-Std.-Kurs £ 35]. Im Strandcafé **Fistral Beach Bar** lassen sich vom Frühstück bis zum Dinner alle Mahlzeiten einnehmen. Stadtnah reihen sich gleich vier Buchten unterhalb steiler Klippen aneinander: Towan, Great Western, Tolcarne und Lusty

Mit dem „wet suit" geht es auch bei schlechtem Wetter ins kühle Nass

Glaze Beach. Alle sind für Surfanfänger eine gute Wahl und werden in den Sommermonaten von Rettungsschwimmern überwacht. Surfbretter lassen sich genauso wie Sonnenstühle an allen Stränden ausleihen. Vom Hafen aus können Sie auch eine **Bootstour** buchen [www.newquay-harbour.com. Mai-Sep 10-18 Uhr, im Sommer auch länger. £ 7 pro Person]. Am Towan Beach führt eine schmale Fußgängerbrücke zu einem Haus auf einem einzeln stehenden Felsen, es ist bekannt als The Island.

Newquay Tourist Information Centre, Marcus Hill, Newquay TR7 1BD, Tel. +44 (0)1637-85 40 20, www.visit newquay.org. Sommer Mo-Fr 9.15-17.30, Sa/So 10-16, Winter Mo-Fr 10-16, Sa/So 10-15 Uhr.
***Anfahrt:** Auto: A 30 von Exeter oder A 39 von Barnstaple, über A 3059 und A 3058 bis Newquay, Parkplätze im Ort, am Fistral Beach Parkplätze für etwa 300 Autos. Zug: Der Bahnhof ist oberhalb des Great Western Beach.*

Tierisches Newquay

*Auch abseits von Sonne und Meer hat Newquay Abwechslung zu bieten. Das **Blue Reef Aquarium** (Towan Promenade, Tel. +44 (0)1637-87 81 34, www.bluereefaquarium. co.uk. Tägl. 10-17, Nov-März 10-16 Uhr. Erw. £ 10, Kinder (3-14 J.) £ 7,75, Familien £ 33,50) und der **Zoo** (Trenance Gardens, Tel. +44 (0)1637-87 33 42, www.newquayzoo.org.uk. Täglich 10-17 Uhr. Erw. £ 11,75, Kinder (3-15 J.) £ 9,05, Familien £ 35) laden zu einem Besuch bei ihren farbenprächtigen, tierischen Bewohnern ein.*

Bude – Summerleaze Beach und Crooklets Beach

Bude liegt an der Nordküste Cornwalls und besitzt einen goldenen Sandstrand. Der **Summerleaze Beach** gibt bei Ebbe so viel Land preis, dass der Weg zum Wasser manchem schon lang wird. Ein **künstlicher Pool** direkt an der Küste schafft hier Abhilfe [Summerleaze Sea Pool. Mai-Sep tägl. 10-18 Uhr. Eintritt frei]. Im Strandcafé **Life's a Beach** gibt es Mittagssnacks wie die Jumbo Fish Fingers oder Chicken Nuggets mit Pommes. Etwas weiter nördlich heißt der Strand dann **Crooklets Beach**, der von Mai bis September überwacht wird. Direkt am Strandcafé **Rosie's Kitchen** ankert das Piratenspielschiff. Hier können Ihre Kinder auch für £ 3 übers Wasser lau-

Clovelly
*26 km nördlich von Bude liegt das beschauliche **Fischerdorf Clovelly**. Autos müssen außerhalb des Ortes parken und Eintritt wird auch verlangt, dafür dürfen Sie dann auf Kopfsteinpflaster bis zum Hafen spazieren und sich wie in eine vergangene Welt versetzt fühlen. Kinder lieben die Esel, die sich hier als Transportmittel nützlich tun. Clovelly Visitor Centre, bei Bideford, North Devon EX39 5TA, Tel. +44 (0)1237-43 17 81, www.clovelly.co.uk. Erw. £ 6,75, Kinder (7-16 J.) £ 4,25, Familien £ 17,75. Übernachtungsmöglichkeiten im New Inn oder Red Lion Hotel sowie B & B.*

fen: in einem riesigen, durchsichtigen Plastikball … Außerdem gibt es einen Skatepark oder Sie können mit einem Ruder- oder Tretboot den Kanal entlangschippern. Ganz in der Nähe ist auch ein Minigolfplatz am Recreational Ground.

Bude Tourist Information Centre, The Crescent, Bude EX23 8LE, Tel. +44 (0)1288-35 42 40, www.visitbude.info. Tägl. 10-17, So bis 16, im Sommer tägl. bis 18 Uhr.
***Anfahrt:** A 39, großer Parkplatz direkt am Strand. Keine Bahnanbindung.*

Im beschaulichen Clovelly fühlt man sich in eine andere Zeit versetzt

Woolacombe Sands

Woolacombe liegt an Devons Nordküste, westlich von Ilfracombe. Der 4 km lange Sandstrand wird im Sommer zu einem beliebten Ziel zahlreicher Familien. Mehrfach wurde er zum beliebtesten Strand Englands gewählt. Zwei **Surfschulen** bieten neben Verleih auch Kurse an [Hunter Surf School, Tel. +44 (0)1271-87 25 06, www.huntersurf. com, Nick Thorn Surf School, Tel. +44 (0)1271-87 13 37, www.nickthorn.com. Beide 2-Std.-Kurs £ 30]. Im **Boardwalk Restaurant** am Strand kommen auch die Kleinen bei einem umfangreichen

Der Coast Path ist ein Wanderweg entlang Englands Westküste

Essen und Spielen

*Die Kinderkarte des **Fortescue Arms** hat gleich zehn Hauptgerichte zur Auswahl, darunter Hühnchenburger, Nudeln und Fischstäbchen. Im Garten toben sich die Kids anschließend auf dem Spielplatz aus. Für die Eltern gibt es Pies oder am Abend und sonntags das typisch englische Carvery-Menü mit in Scheiben geschnittenem Fleisch. The Fortescue Arms, Woolacombe Station Road, Woolacombe EX34 7HQ, Tel. +44 (0)1271-87 08 71, www. fortescuewoolacombe.co.uk. Mo-Sa 12-16 und 17.30-23, So 12-22.30 Uhr.*

Kinder-Menü auf ihre Kosten [Tel. +44 (0)1271-87 11 15, www.theboardwalkwoo lacombe.co.uk. Tägl. ab 9 Uhr].

*Woolacombe Tourist Information Centre, The Esplanade, Woolacombe EX34 7DL, Tel. +44 (0)1271-87 05 53, www.woolacombetourism.co.uk. **Anfahrt:** M 5 von Bristol, A 361, A 399, A 3123, am Kreisel geradeaus, Parkplätze am Strand. Busse von Barnstaple und Ilfracombe.*

Burnham-on-Sea

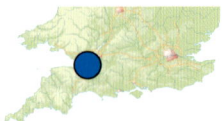

Am Südufer des Bristol Channel liegt Burnham-on-Sea in der Bridgewater Bay. Mehrere Leuchttürme weisen Schiffen den Weg, doch einige scheiterten dennoch. Das Wrack des norwegischen Schiffes „SS Nornen", das 1897 nördlich von Burnham auf Grund lief, ist bis heute zu sehen. Der Hauptstrand des Ortes erstreckt sich unterhalb des Städtchens, nördlich und südlich

Fundstücke

Nützlich beim Bestimmen der Funde am Strand und in den Gezeitentümpeln ist ein Bestimmungsbuch. Im „Kosmos Strandführer" sind 1.500 Arten der Küsten Europas verzeichnet. Die hübschen Zeichnungen helfen dabei, die richtige Muschel oder Schnecke zu finden (Peter Hayward u. a.: „Der neue Kosmos Strandführer", € 12,95, ISBN 978-3440107829). Weniger umfangreich, aber meist ausreichend, ist das Buch „Was finde ich am Strand? 215 Pflanzen und Tiere der Küste" von Heinz Streble und Annegret Bäuerle (€ 9,95, ISBN 978-3440119419).

Burnhams Leuchttürme wiesen schon vor über 100 Jahren den Weg

schließen sich der North und South Beach an. Der Sand ist wunderbar geeignet für kleine Sandburgen, Kinder lieben außerdem einen Eselsritt am Strand. Der Pier ist der kürzeste in England, was seiner Beliebtheit aber keinen Abbruch tut.

Burnham-on-Sea Tourist Information Centre, South Esplanade, Burnham-on-Sea TA8 1BU, Tel. +44 (0)1278-78 78 52, www.burnhaminformation. co.uk. Ostern-Okt tägl. 10-16, Nov-Ostern Mo-Sa 10-14 Uhr.
***Anfahrt:** M 5, Ausfahrt 22, großer Parkplatz an der South Esplanade. Zug bis Highbridge & Burnham, weiter mit dem Bus (3 km).*

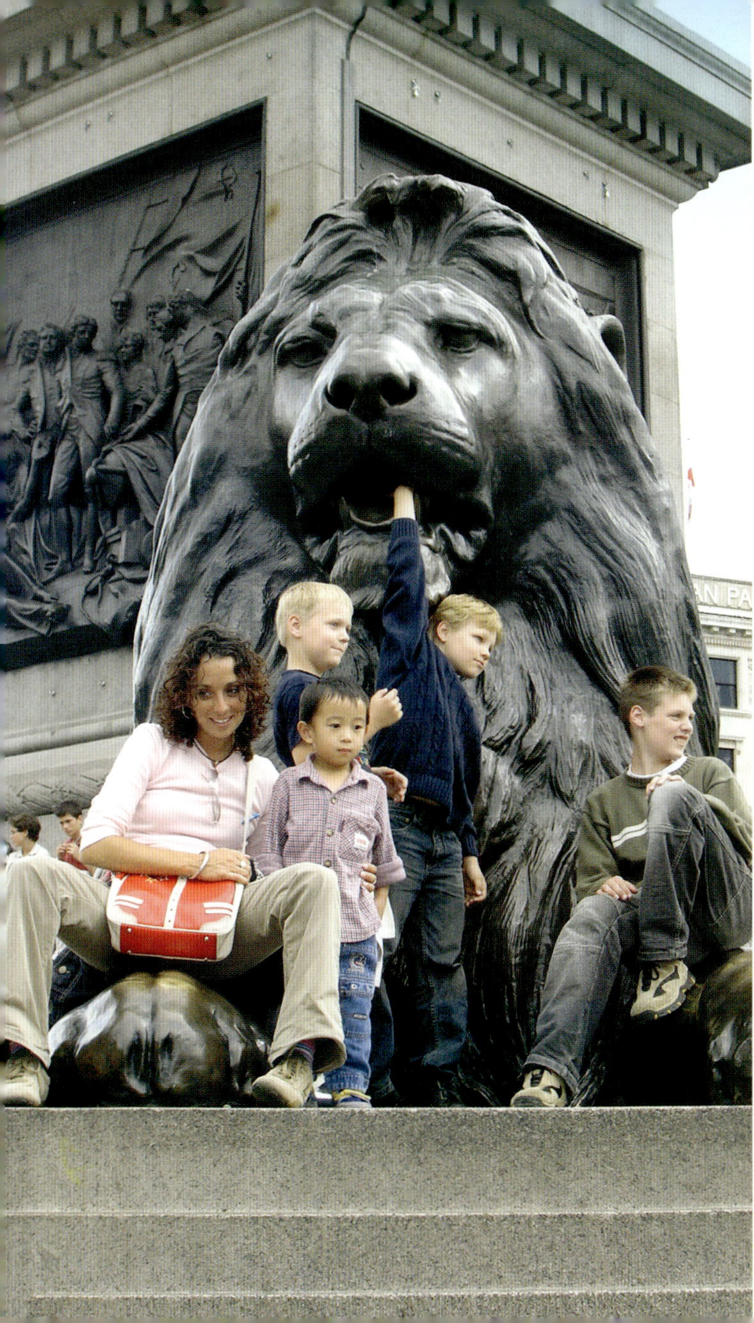

ZEHN TOUREN, DIE ALLEN SPASS MACHEN

Tour 1: London klassisch – das Wichtigste an einem Tag

*Madame Tussauds • Big Ben • London Eye • Themse •
Jubilee Gardens • Tate Modern • Tower Bridge • Tower of London*

Wo: London (Marylebone, Westminster, City) – Wie: zu Fuß, mit der U-Bahn, dem Bus und dem Schiff – Dauer: Tagesausflug, kann auf mehrere Tage aufgeteilt werden – Nicht vergessen: Onlinetickets für Madame Tussauds und London Eye, Stadtplan, Fotoapparat

Wer nur einen Tag Zeit hat, um London zu erkunden, möchte natürlich die wichtigsten Sehenswürdigkeiten der Weltstadt sehen. Dazu gehören Madame Tussauds, das Riesenrad London Eye und der Tower. Auch Big Ben und die Parlamentsgebäude bekommen Sie zu Gesicht. Bei einer Fahrt auf der Themse lassen sich die berühmte Tower Bridge, St. Paul's Cathedral und viele andere Gebäude in Augenschein nehmen.

Den großen Stars ganz nah

Erstes Ziel des Tages ist das Wachsfigurenkabinett von **Madame Tussauds** [Madame Tussauds, Marylebone Road, London NW1 5LR, Tel. +44 (0)871-894 30 00, www.madametussauds.com. Kernzeit 9.30-17.30, Sa/So 9-18, Mitte Juli/Aug 9-19 Uhr. Erw. £ 30, Kinder (4-15 J.) £ 25,80, Familien £ 111,60, Online-Ermäßigung. U Baker Street]. Es ist zu empfehlen, vorab Onlinetickets auf der Internetseite zu erwerben. Diese sind nicht nur günstiger und als Kombikarte mit dem London Eye zu kaufen, sondern verkürzen auch die Wartezeit am Eingang. Wer dann pünktlich zur Öffnung oder früher da ist, hat gute Chancen, zügig ins Gebäude zu kommen. Madame Tussauds ist eine der beliebtesten Attraktionen in London. Wichtiges Utensil ist natürlich der Fotoapparat, denn wer möchte sich nicht mal neben Hollywoodgrößen, Präsidenten oder

Eine Runde mit dem London Eye (S. 36) dauert etwa 30 Minuten

Weltklassesportlern ablichten lassen? Anfassen ist übrigens durchaus erlaubt! Der Eingang ist eine Party mit illustren Gästen wie George Clooney, Kylie Minogue und vielen anderen Stars aus Film und Musik. Jüngere Besucher zieht es womöglich mehr zu den Jungs von One Direction oder zu Robert Pattinson aus der Twilight-Saga. Auf dem weiteren Weg warten die königliche Familie und viele weitere Prominente.

Doch nicht nur Wachsfiguren gehören zu den Anziehungspunkten bei Madame Tussauds. Schaurige Berühmtheit strahlt die Chamber of Horrors aus, wo in grusliger Atmosphäre zum Tode Verurteilte in ihren Zellen warten. Der Zugang ist

Posieren mit den Stars wie die Stars: Bei Madame Tussauds ist es möglich

Wer war Madame Tussaud?

Marie Tussaud wurde 1761 in Straßburg geboren. Ihre Mutter war Hausmädchen bei dem Arzt Dr. Curtius, der Wachsfiguren formte und dies der jungen Marie beibrachte. Der Doktor nahm Marie und ihre Mutter mit nach Paris. Während der Französischen Revolution formte sie dort Abgüsse von den Köpfen der Hingerichteten, so auch von Louis XVI. und Robespierre. 1802 wanderte sie nach England aus und tourte mit ihrer Sammlung von Wachsfiguren durch das Land, bis 1835 eine erste feste Ausstellung an der Baker Street eröffnet wurde. 1884 zog man um an den jetzigen Standort in der Marylebone Road.

nur für über 12-Jährige gestattet. Das gilt auch für Scream, wo lebende Schauspieler die Zuschauer in Angst und Schrecken versetzen. Mit jüngeren Kindern lassen sich diese Bereiche einfach umgehen und Sie kommen direkt zum Spirit of London. Bei einer gemütlichen Taxifahrt reisen Sie dabei durch die Geschichte Londons.

Die Informationen vom Tonband sind auch auf Deutsch abrufbar. Weiter geht es zu den Superhelden von Marvel. Da können Sie sich zum Beispiel von der Decke hängend mit Spiderman fotografieren lassen … Im dazu gehörigen Kino wird dann ein neunminütiger 4D-Film mit ganz besonderen Effekten gezeigt – lassen Sie sich überraschen! Insgesamt sollten Sie etwa zwei Stunden für die Besichtigung einplanen.

Glockenschlag

Nächste Station ist **Westminster**. Mit der Circle Line fahren Sie von der Baker Street zur U-Bahn-Station Westminster. Über Whitehall und Bridge Street gehen Sie direkt auf **Big Ben** zu.

Eigentlich heißt nur die größte Glocke in dem Turm am Westminster-Palast Big Ben, doch der Volksmund bezeichnet schon lange auch die Uhr sowie den Turm mit diesem Namen. Seit 1859 schlägt die Glocke zur vollen Stunde ihren tiefen Ton an. Außerdem ertönt zu jeder Viertelstunde ein Glockenspiel. Der Turm wurde im neugotischen Stil erbaut.

Lassen Sie Ihre Kinder doch mal schätzen! Wie hoch mag der Turm sein? – 96,3 m. Wie groß ist der Durchmesser des Ziffernblattes? – 7 m. Wie lang sind die Zeiger? – Minutenzeiger 4,30 m, Stundenzeiger 2,74 m. Wie schwer ist die Glocke? – 14 Tonnen! Und was ist in dem Turm? – Ein Gefängnis. Allerdings wird es seit 1880 nicht mehr benutzt.

Das Auge von London

Nun geht es über die Westminster Bridge auf die andere Seite der Themse

> ### Die berühmte Abtei
> *Sie haben noch Zeit? Dann machen Sie noch einen Abstecher zur **Westminster Abbey**. In der berühmten Kirche werden die britischen Monarchen gekrönt und beigesetzt. Westminster Abbey, 20 Dean's Yard, London SW1P 3PA, Tel. +44 (0)20-72 22 51 52, info@westminster-abbey. org, www.westminster-abbey. org. Mo/Di/Do-Sa 9.30-16.30, Mi 9.30-19 Uhr, Zutritt bis 1 Std. vor Schließung. Erw. £ 18, Kinder (11-18 J.) £ 8, (unter 11 J.) frei, Familien ab £ 36, Audioguide auf Deutsch kostenlos.*

> ### Italienischer Lunch
> *Nach so vielen Eindrücken wird es Zeit für den Lunch. Nur wenige Meter entfernt von Madame Tussauds gibt es an der berühmten Baker Street **das italienische Restaurant ASK**. Kinder erhalten für £ 6,25 das Minimenü mit Vor- und Hauptspeise, Salat, Nachtisch und einem Activity Pack. ASK, 197 Baker Street, London NW1 6UY, Tel. +44 (0)20-74 86 60 27, www.askrestaurants. com. Mo-Sa 11.30-23, So 11.30-22 Uhr.*

zum emporragenden London Eye. Das **London Eye** ist mit einer Höhe von 135 m das größte Riesenrad Europas. Es wurde im Jahr 2000 eröffnet. Jede der 32 Glasgondeln fasst 25 Personen. Für eine ganze Umdrehung benötigt das Rad eine halbe Stunde. Dabei bieten sich fantastische Aussichten auf London, bei guter Sicht sogar bis zu 40 km weit, etwa bis Windsor Castle. Ein 360-Grad-Guide ist an der Kasse erhältlich [London Eye, Riverside Building, County Hall, Westminster Bridge Road, London SE1 7PB, www.londoneye.com. Okt-März 10-20.30, April-Sep 10-21, Juli/Aug bis 21.30 Uhr, Jan geschl. Erw. £ 20,95, Kinder (4-15 J.) £ 15, Familien (2 Erw. + 2 Kinder) £ 71,90. Online-Ermäßigung, auch Tickets mit schnellerem Zugang (Fast Track) und Kombitickets, z. B. mit Themse-Fahrt. Sie müssen Ihren „Flug" innerhalb einer halben Stunde antreten].

Entdeckungen zu Wasser

Eine **Schiffstour** mögen alle Kinder gern und so soll es nun auf die Themse gehen. Wenn Sie noch eine Besichtigung der Tower Bridge oder des Tower of London (siehe S. 38 und 39) planen, nehmen Sie einen **Thames Clipper**. Vom London Eye Pier geht es mit dem Katamaran direkt zum Tower Millennium Pier [Thames Clippers, Tel. +44 (0)20-70 01 22 22, web@thamesclippers.com, www. thamesclippers.com. Einf. Ticket Erw.

Die „weiße Festung" (S. 39) hat eine erlebnisreiche Vergangenheit

£ 6,80, Kinder (5-15 J.) £ 3,40, Ermäßigungen gibt es mit Travel- oder Oyster Card (siehe S. 111)].
Wer es langsamer angehen möchte, unternimmt vom London Eye Pier eine 40-minütige Schiffspartie mit den **London Eye River Cruises**. Es gibt Kopfhörer mit deutschen Audio-Kommentaren. Zunächst geht es an den **Houses of Parliament** vorbei, wo das britische Parlament tagt. Es besteht aus dem House of Commons und dem House of Lords. Das Gebäude wurde nach einem großen Brand 1834 neu erbaut. Der bekannteste Turm ist der Uhrenturm mit Big Ben (siehe S. 35), der größte ist der Victoria Tower an der Südwestecke mit 98,4 m. Er wurde nach Queen Victoria I. benannt. Hinter den Houses of Parlament dreht das Schiff um und fährt bis zur Tower Bridge und dem Tower of London. Dabei passiert es die Millennium Bridge, die Galerie Tate Modern (siehe S. 38), Shakespeare's Globe Theatre oder den Nachbau der „Golden Hinde" (siehe Kasten S. 120), mit der Francis Drake um die Welt segelte. Sie sehen

Zu Haien und Quallen

*Sie wollen gar nicht mir dem Riesenrad fahren? Dann genießen Sie den Anblick einfach von unten und gehen ins **Sea Life Aquarium**. Es befindet sich ebenfalls an der Ostseite der Themse in der County Hall. Zu sehen sind Haie, Wasserschildkröten, Seepferdchen, und viele andere Wasserbewohner. Besonders beeindruckend sind der Ozeantunnel und der Shark Walk, wo Haie unter Ihren Füßen schwimmen. Am Eingang erfahren Sie die Fütterungszeiten. Sea Life London, County Hall, Westminster Bridge Road, London SE1 7PB, www.visitsealife.com. Mo-So 10-19 Uhr, letzter Einlass 18 Uhr. Erw. £ 21,60, Kinder (3-15 J.) £ 15,90, Familien (2 Erw. + 2 Kinder) £ 75. Online-Ermäßigung, Kombitickets mit Madame Tussauds und London Eye im Internet erhältlich.*

Die Klappbrücke öffnet sich etwa 900 Mal im Jahr: Vielleicht sind Sie dabei?

auch das mit seiner Fertigstellung 2012 mit 310 m höchste Gebäude der EU: The Shard. „Shard" bedeutet Scherbe und wie eine riesige Scherbe sieht der Bau aus (siehe Kasten S. 39). Kurz vor der Tower Bridge ankert die **HMS Belfast**, ein Museumsschiff, das besichtigt werden kann. Die Tower Bridge wurde 1894 eingeweiht. Wann die Brücke aufklappt, steht vorab unter www.towerbridge.co.uk. Benannt ist die Brücke nach dem nahen Tower of London. Die meist nur Tower genannte mittelalterliche Festung beherbergt die Kronjuwelen. Das Schiff kehrt von hier an seinen Ausgangspunkt zurück [London Eye River Cruise, Adresse wie London Eye, S. 36. Abfahrt tägl. stündl. 11.45-16.45, April-Okt 10.45-18.45, Juli-Sep auch 16.15 Uhr, Jan geschl. Einzelfahrt Erw. £ 13, Kinder (4-15 J.) £ 7, Familien £ 40]. Mit jüngeren Kindern können Sie den Tag hier ausklingen lassen. In den **Jubilee Gardens** neben dem London Eye tummeln sich im Sommer zahlreiche Kleinkünstler in fantasievollen Kostümen. Auch ein Spielplatz ist dort zu finden.

Kunstgalerie mit Aussicht

Wer von hier zu Fuß zur Tower Bridge wandert, hat etwa 3,5 km vor sich. Dafür ist dieser Weg am Ufer der Themse entlang aber auch wunderschön. Auf halber Strecke können Sie im **Tate Modern** mit wunderbarem Blick auf die Millennium Bridge speisen [Tate Modern, Bankside, London, SE1 9TG, Tel. +44 (0)20-78 87 88 88, www.tate.org.uk. So-Do 10-18, Fr/Sa 10-22 Uhr. Eintritt frei]. Kinder bis 12 Jahre erhalten zum Lunch eines Erwachsenen (12-15.15, Sa/So ab 11.30 Uhr) ein kostenloses Menü. Dinner gibt es nur freitags und samstags ab 18 Uhr. Das **Tate Café** im zweiten Stock wurde schon für seine Familienfreundlichkeit ausgezeichnet. Als Alternative bieten sich ein paar Meter weiter Fish & Chips im **Anchor Pub** an (siehe Kasten S. 39 unten). Wer den Weg zu Fuß scheut, kann auch den Bus nehmen. An der Haltestelle D der Waterloo Station nehmen Sie die Linie 168 Richtung Dunton Road oder die 172 Richtung Brockley Rise. Sie steigen aus an Bricklayer's Arms und laufen etwa 1 km bis zur Tower Bridge. Wer mit dem Katamaran gekommen ist, hat noch etwas Zeit. Besuchen Sie die Brücke mit der Tower-Bridge-Ausstellung oder aber den Tower selbst.

Über der Themse

Die **Tower Bridge** ist wohl eine der berühmtesten Brücken der Welt. Sie wurde 1894 für den Verkehr geöffnet. In der Tower Bridge wird eine Ausstellung mit interaktiven Exponaten für Kinder gezeigt. Wunderschön ist natürlich auch der Blick aus luftiger Höhe über die Themse und die Stadt. Auf der Internetseite können Sie schon vorab ein

Entdeckerpaket (Guy Fox Explorer Kit) herunterladen, allerdings bisher nur auf Englisch [Tower Bridge Exhibition, Tower Bridge, Tower Bridge Road (Zugang am Nordwestturm), London SE1 2UP, Tel. +44 (0)20-74 03 37 61, enquiries@towerbridge.org.uk, www.towerbridge.org.uk. April-Sep tägl. 10-18, Okt-März 9.30-17.30 Uhr, Zutritt bis 30 Min. vor Schließung. Erw. £ 9, Kinder (5-15 J.) £ 3,90, Familien ab £ 14,10].

Gefängnis und Schatzkammer

Sie haben sich für den **Tower of London** entschieden? Die mittelalterliche Burg bietet auch Kindern viel Spannendes. Hier lebten einst die britischen Könige, dann diente der Ort als Gefängnis und Hinrichtungsstätte. Nicht verpassen sollten Sie natürlich die Kronjuwelen. Im **White Tower** werden nicht nur tolle Rüstungen und Waffen gezeigt, es gibt zahlreiche Stationen zum Mitmachen.

Nationalgericht

*Fish & Chips gehören zu einem England-Aufenthalt unbedingt dazu. Das Traditionsgericht mundet im **Anchor Pub** besonders gut. Sie können im Restaurant essen oder die Portionen mitnehmen. Erhältlich sind auch Sandwiches, Jacket Potatoes (gebackene Kartoffeln), Burger und Steaks. Das Gebäude stammt von 1615. The Anchor Bankside, 34 Park Street, London SE1 9EF, Tel. +44 (0)20-74 07 15 77. Tägl. 11-23, So ab 12 Uhr.*

Gute Aussicht

*Mit seiner Höhe von 310 Metern ist **The Shard** das höchste Gebäude innerhalb der EU. Es gibt zwei Aussichtsplattformen in den gläsernen Stockwerken 69 (Indoor) und 72 (Outdoor in 244 Metern Höhe). The Shard, Joiner Street, London SE1 9QU, Tel. +44 (0)844-499 71 11, www.theviewfromtheshard.com, April-Okt tägl. 10-22, Nov-März So-Mi 10-19, Do-Sa 10-22 Uhr, Einlass bis 90 Min. vor Schließung, Erw. £ 29,95, Kinder (4-15 J.) £ 23,95, U London Bridge.*

Hier dürfen Ihre Kinder – und Sie natürlich auch – einen Ritterhelm aufsetzen oder die Armkraft beim Bogenschießen testen. Schön ist auch ein Rundgang auf dem East Wall. Haben Sie die Raben entdeckt? Mindestens sechs der schwarzen Vögel werden im Tower gehalten. Es heißt, die Monarchie ginge zugrunde, wenn es keine Raben mehr im Tower gäbe. Schließen Sie sich doch einer Führung durch einen der Yeomen Warders an. Sie sind ehemalige Soldaten der britischen Armee und die Wächter im Tower [Tower of London, London, EC3N 4AB, Tel. +44 (0)844-482 77 77, www.hrp.org.uk. März-Okt Di-Sa 9-17.30, So/Mo 10-17.30, Nov-Feb jeweils bis 16.30 Uhr, Einlass bis 30 Min. vor Schließung. Erw. £ 20, Kinder (5-15 J.) £ 10, Familien (2 Erw. + 3 Kinder) £ 53,50 alle Preise inkl. Führung, halbstündl. bis 15.30, im Winter bis 14.30 Uhr].

Tour 2: Sehenswertes für Tag zwei in London

Science Museum oder Natural History Museum • Harrods • Sightseeing im offenen Doppeldecker: Trafalgar Square/St. Paul's Cathedral/ Buckingham Palace

Wo: London (Kensington, Westminster, City) – Wie: mit Bus und U-Bahn – Dauer: Tagesausflug – Nicht vergessen: Fotoapparat

Auf dieser Tour bekommen Sie viel von London zu sehen und können selbst entscheiden, was Sie sich näher anschauen wollen. Die geführten Touren im Doppeldeckerbus sind dafür ideal. Vorher steht aber noch ein Museum auf dem Plan, außerdem gehört ein Besuch im

berühmten Kaufhaus Harrods unbedingt dazu. Das Toy Kingdom wird nicht nur Ihre Kinder faszinieren!

South Kensington

London besitzt eine Vielzahl von wunderschönen Museen. Überall ist man um die jungen Besucher besonders bemüht. So gibt es für Kinder Entdeckerpacks, interaktive Stationen und Hands-on-Galleries, wo originale Objekte berührt und hautnah erfahren werden dürfen. Das gilt auch für die beiden Museen in **South Kensington**, die bei dieser Tour zur Auswahl stehen. Beide befinden sich in unmittelbarer Nachbarschaft, daher ist die Anfahrt gleich: Nehmen Sie die U-Bahn bis South Kensington, entweder die Circle, die District oder die Piccadilly Line (siehe S. III).

Wissenschaft zum Anfassen

Das **Science Museum** ist so groß, dass Sie sich bestimmte Bereiche aussuchen sollten, die Sie und Ihre Kinder besonders interessieren. Neben Themen wie Weltall, Medizin oder Schiffe sind es vor allem die Mitmachbereiche, welche (nicht nur) Kinder toll finden.
Im „Garten" dürfen die 3- bis 6-Jährigen nach Herzenslust erste Erfahrungen mit Licht und Tönen machen. In „The Secret Life of the Home" muss eine Diebstahlsicherung ausgetrickst werden. 5- bis

Im Science Museum werden Kinder zum Mitmachen und -denken angeregt

Wie sieht ein Okapi aus?

*Der **Londoner Zoo** im Norden des Regent's Park (Bus 274 von Baker Street oder Waterbus Nähe U Warwick Avenue) beherbergt so manches in deutschen Zoos seltene Tier – Okapis, Servale und Erdferkel zum Beispiel. Beim Nachwuchs kommen auch der Kinderzoo Animal Adventure, das Gorilla-Königreich und das Tropenhaus gut an. London Zoo, Regent's Park, London NW1 4RY, Tel. +44 (0)20-77 22 33 33, www.zsl. org. Tägl. Mitte Juli-Sep 10-18, Ende Okt-Frühling 10-16, sonst 10-17.30 Uhr. Preise nach Saison: Erw. £ 16,20-23,63, Kinder (ab 3 J.) £ 13,20-16,81.*

8-Jährige können am „Pattern Pod" Fußspuren folgen, Kaleidoskope erstellen oder Muster legen. „Launchpad" (Startrampe) ist für alle ab acht Jahren das richtige Experimentierfeld. 50 interaktive Stationen sowie Shows sorgen hier für nicht endenden Forscherspaß. In der neuen Klima-Abteilung dürfen Sie nun interaktiv in die Atmosphäre eintauchen. Zum Museum gehört auch ein 3D-Kino, das jedoch wie die Flugsimulatoren kostenpflichtig ist. Neben „Fly 360°" für zwei Personen gibt es auch „Fly Kids", in dem Kinder einen virtuellen Flug unternehmen können. Zur Stärkung zwischendurch bieten sich das **Deep Blue** und das **Energy Café** an [Science Museum, Exhibition Road, South Kensington, London SW7 2DD, Tel. +44 (0)20-79 42 40 00, www.sciencemuseum.org.uk. Tägl. 10-18 Uhr. Eintritt frei. IMAX 3D-Kino Erw. £ 10, Kinder £ 8, Familien (2 Erw. + 2 Kinder) £ 27, 3D-Film Red Arrows Erw. £ 6, Kinder £ 5, Familien £ 17, Fly 360° 2 Pers. £ 12, Fly Kids £ 2, verschiedene Kombitickets erhältlich].

Dinosaurier in London

Ebenso groß und interessant wie das Science Museum ist das **Natural History Museum** nebenan. Wer sich für Tiere und Pflanzen interessiert, ist hier goldrichtig. Doch auch die Themen Weltall und Erde kommen nicht zu kurz. Auch hier sollten Sie vorab Räume aussuchen, die Sie interessieren. An der Infotheke können Sie ein kostenloses Explorer Backpack für Kinder bis sieben Jahre ausleihen. Mit Safarihut, Fernglas und Lupe wird dann ein Museumsbereich entdeckt, z. B. die Dinosaurier. Für £ 1 sind auch kleine Führer zu den Themen Dinosaurier oder Säugetiere erhältlich. Die Dinosaurierabteilung in der Blauen Zone, wo neben zum Teil beweglichen Modellen ein riesiger Tyrannosaurus Rex wartet, erfreut sich großer Beliebtheit. Ebenfalls in der Blauen Zone lassen sich große Säugetiere (mammals) rund um ein beeindruckendes Blauwal-Skelett erleben. In der Orangen Zone kommen Sie zu dem Darwin-Zentrum mit dem „Cocoon". Wie ein Kokon erstreckt sich dieses Bauwerk über mehrere Stockwerke. Hier befinden sich nicht nur unzählige Präparate aus Flora und Fauna, sondern Wissenschaftler lassen sich direkt bei der Arbeit beobachten und befragen. Wer eine Pause benötigt, kehrt ins **Central Café** oder Restaurant des Museums ein. Der Wildlife Garden ist auch ein sehr schöner Picknickplatz. Kinder, die kleine Krabbler nicht scheuen, können in der Grünen Zone bei den „Creepy Crawlies" spannende Entdeckungen machen. Es folgt die Rote Zone mit den Ausstellungen zur Erde. Von der Earth Hall geht es auf einer Rolltreppe durch die Erde nach oben! Dort erwartet Sie u. a. ein Erdbebensimulator und ein Richterskalatisch [Natural History Museum, Cromwell Road, South Kensington, London SW7 5BD, Tel. +44 (0)20-79 42 50 00, www.nhm. ac.uk. Mo-So 10-17.50 Uhr. Eintritt frei].

Erlebniseinkauf

Etwa 800 m von den Museen entfernt steht eines der bekanntesten und größten Kaufhäuser der Welt: **Harrods**. In den Lebensmittelabteilungen im Erdgeschoss begeistert nicht nur Jugendstilarchitektur, sondern auch die Fülle an leckeren Köstlichkeiten. Vielleicht probieren Sie einen Sundae-Eisbecher im **Ice Cream Parlour**? Zum Staunen ist auf jeden Fall auch das Toy Kingdom auf Level 4, ein Königreich für Spielsachen. Es finden an vielen Stellen Vorführungen statt, die auch Eltern Vergnügen bereiten. Insgesamt besitzt Harrods 320 Abteilungen [Harrods, 87-135 Brompton Road, London SW1X 7XL, Tel. +44 (0)20-77 30 12 34, www.harrods.com. Mo-Sa 10-20, So 11.30-18 Uhr].

Londons Doppeldecker

Direkt vor Harrods befindet sich an der Brompton Road eine Haltestelle der **Big Bus Tours** [Big Bus Tours, Information

In der großen Halle des Natural History Museum ist auch Platz für Dinosaurier

Speisen bei der Giraffe

*Für Familienfreundlichkeit bekannt sind die **Giraffe-Restaurants**. Im Kids-Menü stehen zehn Hauptgerichte zur Auswahl. Erwachsenen sei Lunch for Less (£ 6,75, Mo-Fr 12-17 Uhr) oder das Feel Good Dinner (£ 10,75, Mo-So ab 17 Uhr) empfohlen. Lecker: „Global Mezze", orientalische Vorspeisen! Ein Giraffe-Restaurant befindet sich nah beim Natural History Museum: 7 Kensington High Street, London W8 5NP, Tel. +44 (0)20-79 38 12 21, www.giraffe.net. Tägl. 8-23, Sa/So ab 9 Uhr.*

Spaziergänge ab Trafalgar Square (10.20 Uhr Königliches London, 14 Uhr Harry Potter Drehorte). Vor Harrods verläuft die blaue Route mit Kommentaren vom Band, auch auf Deutsch. Sie können jederzeit auf die rote Route wechseln, auf der Sie Livekommentare hören. Ähnlich arbeitet die **Original London Sightseeing Tour**, die sogar auf drei Routen durch die Stadt fährt. Im Besucherzentrum am Trafalgar Square erhalten Kinder ein Activity Pack mit Quizbuch und Stempelpass [Original London Sightseeing Tour, Visitor Centre: 17-19 Cockspur Street, Trafalgar Square, London SW1Y 5BL, Tel. +44 (0)20-88 77 21 20 (Mo-Fr), Tel. +44 (0)20-73 89 50 40 (Sa/So), www.theoriginaltour.com. Tägl. 8.30-16.30 Uhr. Erw. £ 29, Kinder (5-15 J.) £ 14, Familien (2 Erw. + 2 Kinder) £ 86].

Centre: 48 Buckingham Palace Road, London SW1W 0RN, Tel. +44 (0)20-72 33 95 33, www.bigbustours.com. Tägl. 8.30-16.30 Uhr. Erw. £ 32, Kinder (5-15 J.) £ 12, Familien (2 Erw. + 2 Kinder) £ 76]. Die Doppeldecker dieses Unternehmens fahren auf zwei Routen durch London und sind oben offen. Bei Regen fahren aber auch geschlossene Busse. Das Ticket gilt 24 Stunden (mit Aufpreis 48 Stunden) und Sie können jederzeit aus- und wieder einsteigen (hop on, hop off). So entscheiden Sie selbst, welche Sehenswürdigkeiten Sie und Ihre Kinder besonders interessieren und wo Sie länger verweilen möchten. Tickets können im Bus gekauft werden, sind aber auch online mit Ermäßigung oder im Information Centre erhältlich. Im Preis enthalten sind außerdem Fahrten auf der Themse mit City Cruises sowie geführte

Köstlichkeiten erwarten Sie in Harrods' „Food Hall"

Die blaue Route hält auch vor Harrods. Mit Kindern bis 12 Jahre lohnt ein Stopp an Haltestelle 70, denn dort befindet sich der **Diana, Princess of Wales, Memorial Playground** (siehe Kasten).

Trafalgar Square

Der Bus bringt Sie über Piccadilly Circus zum **Trafalgar Square**, einem der bekanntesten Plätze Londons. Markant ragt in der Mitte Nelson's Column 51 m empor. Unter Admiral Nelson besiegten die Engländer in der Schlacht von Trafalgar 1805 die Franzosen. Für ein Erinnerungsfoto auf einem der vier Löwenstandbilder müssen Sie vielleicht kurz Schlange stehen. Die einst berühmten Unmengen von Tauben wurden übrigens

Rauf aufs Piratenschiff

*Einer der schönsten Spielplätze Londons befindet sich am Nordrand der Kensington Gardens: der **Diana Memorial Playground**. Es gibt ein großes Piratenschiff, Tipis, einen Sinnespfad, einen Spieltunnel und vieles mehr. Der Spielplatz ist beaufsichtigt und kostenfrei. Broad Walk, Kensington Gardens, London W2 2UH, Tel. +44 (0)30-00 61 20 01, www. royalparks.org.uk. Tägl. ab 10, Mai-Aug bis 19.45 Uhr, in den übrigen Monaten kürzer.*

durch den Einsatz von Falken vertrieben. Gut geeignet für eine Pause ist hier das **Café der National Gallery**, deren Gebäude die Nordseite des Platzes bestimmt (tägl. 10-18 Uhr). Gut und günstig essen Sie auch im Café der Kirche St. Martin in the Fields an der Nordostecke.

Pssst ... hörst du mich?

Nun fährt der Bus weiter bis zur **St. Paul's Cathedral**. Auch wenn moderne Hochhäuser heute das Stadtbild Londons bestimmen, überragt die Kuppel dieser Kirche noch immer viele Gebäude und ist ein markanter Orientierungspunkt. Im Eintritt enthalten ist ein Multimediaguide auf Deutsch. Kinder finden es jedoch meist spannender, den Weg nach oben zu nehmen. Über 257 Stufen gelangen Sie in die Flüstergalerie: Worte, die Sie auf der einen Seite an die Wand flüstern, sind auf der anderen Seite zu hören. Probieren Sie es aus! Weiter

Die Kuppel der St. Paul's Cathedral ist ein beliebtes Fotomotiv

hinauf geht es zur Laterne mit der Goldenen Galerie in 85 m Höhe. Hier erwarten Sie tolle Aussichten [St. Paul's Cathedral, St. Paul's Churchyard, London EC4M 8AD, Tel. +44 (0)20-72 36 41 28, www.stpauls.co.uk. Mo-Sa 8.30-16 Uhr. Erw. £ 16,50, Kinder (6-17 J.) £ 7,50, Familien (2 Erw. + 2 Kinder) £ 40].

So wohnt die Queen
Nicht verpassen sollten Sie die Fahrt über die Tower Bridge. Steigen Sie also wieder ein und genießen Sie die Fahrt! Die bringt Sie schließlich auch zum **Buckingham Palace**. Wer noch fit ist, steigt aus und schaut sich das Wohnhaus der Queen genauer an. Ist die Monarchin zu Hause, weht die Fahne. Eine Besichtigung der Staatsräume ist nur im August und September möglich, wenn sich die Queen im Sommerurlaub befindet. Audioguides führen dann durch die 19

> ## Wachablösung
> *Im Sommer täglich um 11.30 Uhr, sofern das Wetter mitspielt, im Winter meist an jedem zweiten Tag, wird vor dem Buckingham Palace eine berühmte Zeremonie begangen: die Wachablösung, Changing of the Guards. Viele Menschen drängeln sich vor den Toren, sodass meist nicht allzu viel zu sehen ist. Falls Sie das Ereignis trotzdem nicht verpassen wollen, sollten Sie rechtzeitig vor Ort sein. Informationen erhalten Sie unter www.changing-the-guard.com.*

Räume, auch auf Deutsch. Ein Audioguide speziell für Familien ist erhältlich, jedoch nur auf Englisch [The Official Residences of The Queen, London SW1A 1AA, Tel. +44 (0)20-77 66 73 00, www.royalcollection.org.uk. Aug/Sep 9.30-18.30 Uhr (Zutritt bis 16.15 Uhr). Tickets werden für bestimmte Zeitpunkte ausgegeben, vor Ort nach Verfügbarkeit, Vorabbuchung empfehlenswert, Erw. £ 19,75, Kinder (5-16 J.) £ 11,25, Familien (2 Erw. + 3 Kinder) £ 50,75].

Busfahren wie damals
Falls Sie auf eine geführte Stadtbesichtigung im Bus verzichten wollen, fahren Sie günstiger in einem der öffentlichen Busse. Hier ist besonders die **Nostalgielinie 15** zu empfehlen. Als „Heritage Buses" werden auf deren Strecke die alten Routemaster eingesetzt: hinten offene Doppeldecker, in denen Schaffner mitfahren, Tickets verkaufen und kontrollieren. Sie wurden zwischen 1954 und 1968 gebaut. Aus dem regulären Busverkehr wurden sie 2005 aus Sicherheitsgründen ausgeschlossen – aber auch weil die neueren Busse mit nur einem Arbeitsplatz pro Gefährt einfach günstiger fahren. Steigen Sie zum Beispiel an der Knightsbridge Station (Nähe Harrods) in die Linie 9 ein und fahren Sie bis zum Trafalgar Square. Dort können Sie in die 15 umsteigen (Haltestelle F) und an St. Paul's Cathedral (siehe links) vorbei bis zum Tower (siehe S. 39) fahren. Wer von St. Paul's zum Ausgangspunkt zurückkehren möchte, nimmt die U-Bahn. Die Central Line fährt bis Holborn, von dort haben Sie Anschluss nach South Kensington mit der Piccadilly Line.

Tour 3: Von London nach Greenwich – maritimes Flair

Cutty Sark • Visitor Centre und Ausstellung Discover Greenwich • National Maritime Museum • Observatorium mit Nullmeridian

Wo: London und Greenwich – Wie: mit dem Schiff und der Docklands Light Railway – Dauer: Halbtagestour – Nicht vergessen: Sonnenhut, Regenschirm und Fernglas

Ein kleiner Ort südöstlich von London bestimmt die Zeit: Durch Greenwich – „Grennitsch" ausgesprochen – verläuft nämlich der Nullmeridian, also der nullte Längengrad. Er gibt die Greenwich Mean Time vor. Doch der Ort, der heute als Stadtteil zu London gehört und zum UNESCO-Weltkulturerbe ernannt wurde, hat noch mehr zu bieten. So besichtigen Sie bei dieser Tour den restaurierten Klipper „Cutty Sark" und das National Maritime Museum. Sie stehen nicht nur auf dem Nullmeridian, sondern genießen vom Observatorium im Greenwich Park auch wunderbare Ausblicke auf die Docklands und London.

Spannende Reise

Schon An- und Abreise sind hitverdächtig. Hin geht es per Boot, zurück mit der fahrerlosen Docklands Light Railway. Die Katamarane der **Thames Clippers** (siehe S. 37) legen vom London Eye Pier, vom

Die weiten Flächen des Greenwich Park dienten früher als Jagdrevier

London Bridge Pier oder vom Tower Millennium Pier ab. So kommen Sie zwar schnell und günstig nach Greenwich, aber auch ohne Sightseeing.

Vom London Eye, dem gegenüberliegenden Westminster Pier sowie vom Tower fahren die **City Cruises** ab. Auf ihren roten Booten sind Kommentare zu den Sehenswürdigkeiten auf Deutsch inklusive [City Cruises, Cherry Garden Pier, Cherry Garden Street, London SE16 4TU, Tel. +44 (0)20-77 40 04 00, www.citycruises.com. Tägl. 9.45-15.50 Uhr, Sommer bis 16.50 Uhr halbstündl. Abfahrten. Einf. Ticket ab Westminster £ 11,03, ab Tower £ 8,78, Kinder (5-16 J.) die Hälfte, erhältlich ist auch ein „Hop on, hop off"-Ticket namens Red River]. Preislich ähnlich liegen die **Thames River Services**. Sie fahren zusätzlich durch das Thames Barrier, das zweitgrößte bewegliche Sturmflutwehr weltweit, das östlich von Greenwich liegt [Thames River Services, Tel. +44 (0)20-79 30 40 97, www.thamesriverservices. co.uk. Ab 10 Uhr halbstündl., im Winter alle 40 Min. Ab Westminster Pier Erw. £ 14, Kinder (5-15 J.) £ 7].

Vom Teetransporter zum Museumsschiff

Am Greenwich Pier angekommen, sehen Sie schon die **Cutty Sark**. Dieses große Segelschiff transportierte ab 1869 vor allem Tee von China nach England. Die „Cutty Sark" ist ein Klipper, ein besonders schnelles Frachtschiff mit schnittigem Rumpf. Der Bau des Suezkanals und das Aufkommen der Dampfschifffahrt bedeuteten das Ende der Klipper. Seit 1957 dient die „Cutty Sark" als Museumsschiff. Nach einem Brand

---

Trafalgar Tavern

Hier haben Sie die Gelegenheit, „whitebait" zu probieren. Die jungen Heringe wurden früher in der Themse gefangen. Die Zeiten sind vorbei, aber die frittierten Fischlein schmecken noch immer köstlich. Günstiger als im Restaurant speisen Sie in der Bar. Vor dem Gebäude steht ein bronzener Nelson und schaut auf die Themse.
***Trafalgar Tavern**, Park Row, Greenwich, London SE10 9NW, Tel. +44 (0)20-88 58 29 09, www.trafalgartavern.co.uk. Bar tägl. 12-22 Uhr, Restaurant wie Bar, aber So nur bis 21 Uhr.*

---

wurde sie komplett restauriert und 2012 wieder eröffnet. In der Nähe zum Schiff befindet sich übrigens ein Tunnel, der zur Isle of Dogs führt. [Cutty Sark, King William Walk, Greenwich Pier, Tel. +44 (0)20-88 58 44 22, www.cuttysark.org. uk. tägl. 10-17 Uhr, letzter Zutritt 16 Uhr, Erw. £ 12,15, Kinder (5-15 J.) £ 6.30, Familien £ 31,50, Kombiticket mit Royal Oberservatory].

Maritimes Greenwich

Nur ein paar Meter weiter kommen Sie zum neuen **Greenwich Visitor Centre**. Dort befindet sich eine spannende Ausstellung unter dem Namen Discover Greenwich. Die Geschichte des maritimen Greenwich wird hier erzählt. Für Kinder gibt es viele Mitmachangebote. Sie können sich als Marineveteran mit Dreispitz verkleiden und vieles mehr.

Im Greenwich Visitor Centre können Kinder die Stadt selbst gestalten

Vergessen Sie nicht, einen Stadtplan mitzunehmen, bevor Sie weitergehen [Greenwich Tourist Information Centre und Discover Greenwich, Pepys House, King William Walk, London SE10 9LW, Tel. +44 (0)870-608 20 00, www.visitgreenwich.org.uk. Tägl. 10-17 Uhr. Eintritt frei].

Königliche Universität

Auf der Rückseite des Gebäudes gelangen Sie auf den Pepys Walk. Vor Ihnen liegt das **Old Royal Naval College**. Es gehört ebenfalls zum Weltkulturerbe „Maritimes Greenwich". Ursprünglich stand an der Stelle ein königlicher Palast, in dem Henry VIII. und seine Töchter, die späteren Königinnen Mary I. und Elizabeth I., geboren wurden. Im 17. Jahrhundert wurde der Palast im Bürgerkrieg zerstört. Das Naval College wurde von Christopher Wren (siehe Kasten S. 53) entworfen und 1703 fertiggestellt. Es diente zunächst als Hospital und Heim für Seeleute und wurde 1872 zur Marineakademie. Inzwischen sind die Universität von Greenwich und das Trinity College of Music eingezogen.

Kostenfrei sind die Rokoko-Kapelle (im Queen Mary Building) und die barock bemalte Painted Hall (im King William Building), doch interessanter für Familien ist zweifellos das National Maritime Museum. Gehen Sie daher auf dem Pepys Walk nach rechts und überqueren Sie die Romney Road.

Seefahrer und Entdecker

Als eines der größten Schifffahrtsmuseen der Welt beherbergt das **National Maritime Museum** unzählige Exponate. Ein ganz besonderes Stück ist der Mantel von Lord Nelson, den er in der Schlacht von Trafalgar trug – inklusive Einschussloch. Andere Bereiche widmen sich großen Entdeckern wie Francis Drake oder James Cook. Höhepunkte für Kinder sind die „Brücke", auf der sie virtuell ein Schiff steuern dürfen, und die Children's Gallery. Hier werden Flaggen geschwungen, Schiffe beladen und Morsezeichen gesendet. Achtung: Diese Ausstellungen sind nur dienstags, samstags und sonntags sowie in den Ferien geöffnet, die Children's Gallery an anderen Tagen erst ab 14 Uhr. Im Café können Sie eine Pause einlegen [National Maritime Museum, Romney Road, Greenwich, London SE10 9NF, Tel. +44 (0)20-88 58 44 22, www.rmg.co.uk. Tägl. 10-17 Uhr. Eintritt frei].

Greenwich Park

Der Hauptausgang des Maritimen Museums öffnet sich gen Süden zum **Greenwich Park** [Infos und interaktive Karte unter www.royalparks.org.uk. Tägl. ab 6, im Sommer bis 21.30 Uhr]. In der Nordostecke gibt es einen schönen Spielplatz und einen kleinen See. Dort werden am

Wochenende und in den Ferien kleine Tretboote vermietet (30 Min. £ 2). Im Zentrum des Parks befindet sich das Observatorium, Ihr nächstes Ziel. Folgen Sie einfach dem Weg bergauf. Ehe Sie das Observatorium betreten, sollten Sie noch einen Blick von der **Aussichtsplattform** werfen. Hier steht auch die Statue von General James Wolfe, der Kanada für Großbritannien eroberte. Von hier oben sehen Sie gut die O2-Arena, der ehemalige Millennium Dome. Die zwölf gelben Türme stehen für die zwölf Monate, der Durchmesser der Kuppel beträgt 365 m, ein Meter für jeden Tag des Jahres.

Auf dem Nullmeridian

Zu dem großen Gelände des **Royal Observatory** gehört auch Londons einziges Planetarium. Zu den Highlights im Observatorium zählt vor allem der durch einen Messingstreifen gekennzeichnete **Nullmeridian**. Hier kann man gleichzeitig auf der westlichen und östlichen Erdhälfte stehen. Doch auch die interaktiven Ausstellungen im Gebäude sind sehenswert. Um 13 Uhr versammeln sich die Besucher im Hof, um den roten Zeitball fallen zu sehen. Nach ihm stellten die vorbeifahrenden Schiffe einst ihre Uhren. Mit der Camera Obscura lässt sich beobachten, was unten in Greenwich gerade los ist! Der Eingang zu der futuristischen Kuppel des Planetariums liegt im Astronomy Centre. Dort können Sie eine Ausstellung zu Planeten sowie das Observatory Café besuchen. [Royal Observatory, Blackheath Avenue, Greenwich, London SE10 8XJ, Tel. +44 (0)20-83 12 66 08, www.rmg.co.uk. Tägl.

Im National Maritime Museum legen die Kleinen schnell selbst Hand an

10-17 Uhr. Eintritt Flamsteed House und Meridian Erw. £ 7,70, Kinder (5-15 J.) £ 3,60, Familien £ 19,80, Astronomy Centre frei, Planetarium-Show Erw. £ 6,50, Kinder £ 4,50, Familien £ 22].

Tea Time

Wenn die Kinderfüße noch laufen mögen, folgen Sie doch dem Weg am Observatorium vorbei. Für eine Pause bietet sich das **Pavilion Tea House** an. [Pavilion Tea House, Greenwich Park, Tel. +44 (0)20-88 58 96 95. Tägl. 9-20, im Winter bis 16 Uhr]. In der südöstlichen Parkecke können Sie in The Wilderness Rehe beobachten. Für die Rückfahrt gehen Sie ins Zentrum von Greenwich zurück. Die computergesteu-

Pünktlich um 13 Uhr fällt der weithin sichtbare Zeitball

Der nullte Längengrad und die Zeit

*Seit 1884 dient der **Nullmeridian in Greenwich** dazu, die Erdkugel in Längengrade einzuteilen. Er trennt die Erde in eine westliche und eine östliche Hemisphäre. Bis 1972 wurde hier offiziell die Zeit gemessen, die Greenwich Mean Time (GMT). Sie wurde von der Koordinierten Weltzeit UTC abgelöst, doch vor allem in Großbritannien bezieht man sich immer noch gern auf die GMT. Mit ihr war es im 19. Jahrhundert endlich möglich, Zeiten zu koordinieren, z. B. für Zugverbindungen. Vorher besaß jeder Ort seine lokale Zeit. Heute gehört Großbritannien zur Westeuropäischen Zeitzone und ist Deutschland und der hierzulande geltenden Mitteleuropäischen Zeit immer eine Stunde zurück, auch im Sommer, denn beide Länder stellen auf Sommerzeit um.*

---

erte **Docklands Light Railway** startet an der Church Street. Sie braust bis zur Haltestelle Bank oder Tower Hill. Wer mag, kann die Themse auch per Seilbahn überqueren. Mit der **Emirates Air Line** schweben Sie direkt zur Greenwich Halbinsel [Emirates Air Line, www.emiratesairline.co.uk, Mo-Fr 7-21, Sa 8-21, So 9-21 Uhr, Okt-März nur bis 20 Uhr, einfache Fahrt Erw. £ 4,40, Kinder (5-15 J.) £ 2,30, Anfahrt Nordseite DLR Royal Victoria, Südseite U North Greenwich].

Tour 4: Oxford – studentisch und zauberhaft

Oxford Castle • Carfax Tower • Christ Church College • Punting auf dem Fluss Cherwell • University Church Tower • Pitt Rivers Museum

Wo: Oxford – Wie: mit Bahn (oder Auto) und zu Fuß – Dauer: Tagesausflug – Nicht vergessen: Wechselkleidung für den Punter

Oxfords Name ist untrennbar mit seiner Universität verbunden – eine der ältesten und angesehensten der Welt. Doch nicht nur Studentenluft lässt sich zwischen den sandsteinfarbenen Gebäuden schnuppern, sondern auch auf den Spuren von Harry Potter wandeln. In Oxford wurden nämlich einige bekannte Szenen aus den Zauberlehrling-Filmen gedreht.

Oxford Castle und St. George's Tower

Reisen Sie von London aus mit der Bahn an? Dann steigen Sie in Paddington ein und sind nach rund einer Stunde in Oxford. Mit dem Auto nehmen Sie die A 40 und wechseln auf die M 40. Bei der **Touristeninformation** gibt es Auskünfte im Detail dazu. [Oxford Information Centre, 15-16 Broad Street, Oxford OX1 3AS, Tel. +44 (0)1865-25 22 00, www.visitoxfordandoxfordshire.com. Mo-Sa 9.30-17, So 10-13/13.30-15.30 Uhr, im Sommer 30 Min. länger].
Der Bahnhof liegt östlich der Stadt, nur 500 m vom ersten Ziel entfernt: dem **Oxford Castle**. Dafür überqueren Sie

Oxford Castle stammt noch aus der Zeit der normannischen Eroberung

die Park End Street und folgen ihr nach links. Nach der Brücke geht sie in die New Road über, rechts hinter dem Hügel liegt die Burg. Sie ist eines der ältesten Gebäude der Stadt und kann im Rahmen einer geführten Tour besichtigt werden. Robert d'Oyly, einer der normannischen Eroberer, die mit William the Conqueror auf die Insel kamen, erbaute die Burg 1071. Vom 12. Jahrhundert bis 1996 wurde sie als Gefängnis genutzt. Die Guides treten in historischen Kostümen auf und bringen Sie während der 40 Minuten langen Führung in die Krypta und auf den **St. George' Tower**. Anschließend besichtigen Sie die Ausstellung in den ehemaligen Gefängniszellen, wo Kinder sich als Gefangene verkleiden können [Oxford Castle, 44-46 Oxford Castle, Oxford OX1 1AY, Tel. +44 (0)1865-26 06 66, www.oxfordcastleunlocked.co.uk. Tägl. 10-17, letzte Tour 16.20 Uhr. Erw. £ 9,95, Kinder (5-15 J.) £ 6,95, Kinder (unter 5 J.) dürfen nicht auf den Turm].

Träumende Turmspitzen

Wer die Stadt von einer höheren Warte genießen möchte, kann das im Zentrum tun. Nicht umsonst wird Oxford auch

> ### Bequeme Besichtigung
> *Direkt am Bahnhof beginnen* **Sightseeing-Bustouren im Doppeldecker**. *Nach dem „Hop on, hop off"-Prinzip dürfen Sie an allen 20 Stationen aus- und später wieder zusteigen. City Sightseeing Oxford, No 1 Shop, Oxford Railway Station, Park End Street, Oxford OX1 1HS, www.citysightseeingoxford.com. Alle 10 Min. tägl. 9.30-17, im Sommer bis 18, Nov-Feb alle 30 Min. bis 16 Uhr. 24-Std.-Ticket Erw. £ 14, Kinder £ 7, Familien (2 Erw. + 3 Kinder) £ 37.*

„The City of the Dreaming Spires" genannt – die Stadt der träumenden Turmspitzen. Türme gibt es reichlich, denn jedes College besitzt einen eigenen. Um ins Zentrum zu kommen, folgen Sie der New Road weiter. Sie wird zur Queen Road und dann zur High Street. Am Übergang der beiden Straßen ragt links der **Carfax Tower** empor. Er ist der einzige Rest der St. Martin's Church, die 1896 abgerissen wurde, um Platz für den Verkehr zu schaffen. Unter der Turmuhr schlagen zwei kleine Ritter zu jeder Viertelstunde Glocken an. 99 Stufen führen zur Aussichtsplattform [Carfax Tower, Queen Street, www.citysightseeingox ford.com. Tägl. Ostern-Sep 10-17.30, Okt 10-16.30, Nov-Ostern 10-15.30 Uhr. Erw. £ 2,30, Kinder (5-15 J.) £ 1,20].

Zauberhafter Schauplatz

Am Carfax Tower beginnt die High Street, das Zentrum Oxfords mit zahl-

Der Carfax Tower stammt aus dem 14. Jahrhundert

reichen Colleges und Einkaufsläden. Doch zunächst biegen Sie rechts ab in St. Aldate's. Diese bringt Sie zum **Christ Church College** und damit zu Harry Potter. Gleich an vier Stellen wurde in dessen Räumen gedreht. Die Große Treppe z. B. ist Schauplatz im ersten Film. Professor McGonagall empfängt dort die neuen Schüler. Die Halle, in der die Studenten speisen, war das Vorbild für den Esssaal. Doch auch wer sich nicht für den Zauberlehrling interessiert, findet Gefallen an der Architektur des College, das 13 Premierminister hervorgebracht hat. Am Eingang beeindruckt der **Tom Tower**, der von Sir Christopher Wren (siehe Kasten) entworfene höchste Turm Oxfords. Hinter dem Haupteingang erreichen Sie Tom Quad, den Hof, der als Kulisse in der Verfilmung von „Der Goldene Kompass" diente. Weitere Infos zu Drehorten erhalten Sie auf der Website www.locationoxfordshire.co.uk unter

Ein großer Baumeister

*Wie kein anderer hat **Christopher Wren** das Aussehen Londons geprägt. Nach dem Großen Brand von 1666 wurde der Mathematiker, Astronom und Architekt zum Stadtbaumeister ernannt. Seine bekanntesten Londoner Bauten sind St. Paul's Cathedral (siehe S. 44), Kensington Palace und das Monument. In Greenwich entwarf er das Royal Naval College (siehe S. 48) und das Observatorium. In seinem Studienort Oxford erbaute er den Tom Tower und das Sheldonian Theatre.*

Wo ist denn hier die Uni?

Anders als wir es aus Deutschland kennen, ist die Universität von Oxford nicht zentral organisiert, sondern ein Zusammenschluss aus 38 Colleges. Jedes einzelne College bietet fast alle Fächer in seinem Lehrangebot an und ist wie eine eigene kleine Universität. Herausragende Noten sind die Voraussetzung für eine Aufnahme. Wer das schafft, steht in einer Reihe mit berühmten Schriftstellern, Premierministern und Wissenschaftlern des Landes.

Film Trails. Inspirierend wirkte das College schon zu früherer Zeit. Lewis Carroll nahm sich die Tochter des Dekans als Vorbild für „Alice im Wunderland". Auf dem Gelände befindet sich auch die **Christ Church Cathedral**, die Kathedrale der Diözese Oxford [Christ Church College und Cathedral, St. Aldate's, Oxford OX1 1DP, Tel. +44 (0)1865-27 61 50, www.chch.ox.ac.uk. Mo-Sa 9-17, So 14-17 Uhr. Erw. £ 7, Kinder (5-17 J.) £ 5,50, Familien £ 14, Jul/Aug erhöhte Preise. Ermäßigungen bei geschlossener Halle und/oder Kathedrale].

Es könnte nass werden

Der Ausgang des Christ Church College liegt an der Merton Street. Gehen Sie geradeaus, bis rechts ein kleiner Gang mit schmiedeeisernem Tor abzweigt (Merton Grove). Am Ende wenden Sie sich nach links und sind nun auf dem

Dieser Speisesaal (S. 53) hat durch Harry Potter Berühmtheit erlangt

Deadman's Walk. Der Name erinnert an die Zeit im 12. Jahrhundert, als verstorbene Juden von der Synagoge über diesen Weg zum Friedhof überführt wurden. An der Rose Lane gehen Sie nach links am Botanischen Garten vorbei. An der High Street rechts erreichen Sie die **Magdalen Bridge** mit Bootshaus. Hier können Sie sich in der Kunst des **Punting** üben. Ein Punt ist ein flaches Boot, das mit einem Stecken fortbewegt wird. Die Kunst besteht darin, sich nicht zwanghaft an den Stab zu klammern, sondern beizeiten loszulassen, falls man feststeckt. Wer sich das nicht zutraut, kann sich auch einen Chauffeur mieten oder aber ein Ruder- oder Tretboot leihen. Mit Ihrem Wasserfahrzeug können Sie entlang dem Botanischen Garten, durch die Wiesen und bis zur Themse schippern [Oxford Punting, Magdalen Bridge Boathouse, The Old Horse Ford, High Street, Oxford OX1 4AX, Tel. +44 (0)1865-20 26 43, www.oxfordpunting. co.uk. Feb-Nov tägl. 9.30-21 Uhr bzw. bis 1 Std. vor Sonnenuntergang. Punting (5 Pers.) je Std. £ 20, 30 Min. mit Chauffeur £ 25 (max. 4 Passagiere), Ruder- oder Tretboot, jeweils für 5 Pers., je Std. £ 20].

Hoch hinaus

Haben Sie das Flussabenteuer gut überstanden? Dann gehen Sie nun wieder entlang der High Street auf den Carfax zu. Bald lässt sich Oxford wieder von

Harry in London

Harry-Potter-Fans suchen in London gerne den Bahnhof King's Cross oder den überdachten Leadenhall Market im viktorianischen Stil auf (Gracechurch Street, U Monument), der als Vorbild für die Winkelgasse diente. Sehenswert ist auch die im Film zerstörte Millennium-Bridge, die sich elegant über die Themse zwischen Tate Modern schwingt. Seit 2012 bietet die Warner Bros. Studio Tour einen faszinierenden Blick hinter all diese Kulissen der Filme. Kinder können in einem Activity Pass Stempel sammeln. **Warner Bros. Studio Tour**, *Studio Tour Drive, London, Leavesden WD25 7GS, Tel. +44 (0)845-084 09 00, www. wbstudiotour.co.uk. Tägl. ab 10 Uhr, Erw. £ 31, Kinder (5-15 J.) £ 23,50, Familien (4 Pers.) £ 93. Anfahrt: London-Euston nach Watford Junction, dort Shuttlebus zum Studiogelände (£ 2, Kinder £ 1).*

Sunday Roast in Oxford

*Bei **Quod** sitzen Sie in der ehemaligen Eingangshalle einer Bank oder aber auf der großen Terrasse im Freien. Nachmittags können Sie den Afternoon Tea bestellen. Das Kindermenü ist jederzeit erhältlich: Pizza, Pasta, Burger, Würstchen – oder doch mal einen Salmon Fishcake? Der Sunday Roast (Fleisch, Kartoffeln, Gemüse, Yorkshire-Pudding) ist ebenfalls als Kinderportion erhältlich. Quod, 92-94 High Street, Oxford OX1 4BJ, Tel. +44 (0)1865-20 25 05, www.quod.co.uk. Tägl. 7-23, So bis 22.30 Uhr.*

oben betrachten. Nach 127 Stufen bietet der **Turm der University Church** einen besonders schönen Ausblick. Hinter der Kirche befindet sich der Radcliffe Square. John Radcliffe war ein Arzt, der der Stadt im 18. Jahrhundert eine Bücherei stiftete. Im Rundbau befindet sich heute ein Lesesaal. Mit Blick auf diese Gebäude lässt sich im Vaults & Garden Café der Kirche eine Pause einlegen [University Church of St. Mary the Virgin, High Street, Oxford OX1 4BJ, Tel. +44 (0)1865-27 91 11, www.university church.ox.ac.uk. Kirche und Turm tägl. 9-17, Juli/Aug bis 18, Turm ab 9.30. So ab 11.45 Uhr. Erw. £ 4, Kinder (5-15 J.) £ 3, Familien (2 Erw. + 2 Kinder) £ 12].

Pitt Rivers – faszinierend

Über den Radcliffe Square kommen Sie in die Catte Street, die zur Parks Road

wird. Links können Sie noch die Bodleian Library bewundern, in der ebenfalls Szenen für Harry Potter gedreht wurden. Rechts sehen Sie die Seufzerbrücke, die die New College Lane überspannt und ihrer berühmten Schwester in Venedig gleicht. Der Weg bis zum **Pitt Rivers Museum** ist knapp 1 km lang. Wem Schrumpfköpfe zu gruselig sind, kann auch das **University Museum of Natural History** besuchen [www.oum.ox.ac.uk. Tägl. 10-17 Uhr. Eintritt frei], mit dem es sich den Eingang teilt. Alle anderen dürfen gespannt sein auf unzählige ungewöhnliche Objekte aus aller Welt. Der General Pitt Rivers überließ 1884 seine Sammlung der Universität, seitdem sind viele weitere Kuriositäten hinzugekommen. Dazu gehören Samuraischwerter, Totempfähle oder Kugelfischlampen [Pitt Rivers Museum, Parks Road, Oxford OX1 3PW, Tel. +44 (0)1865-27 09 27, www.prm.ox.ac.uk. Mo 12-16.30, Di-So 10-16.30 Uhr. Eintritt frei].
Über die Museum Road, St. Giles, Beaumont, Worcester sowie Hythe Bridge Street geht es zurück zum Bahnhof.

Beim Punting ist schon so manch einer ziemlich nass geworden

Tour 5: Rundtour im Südosten

Canterbury • Dover • Ramsgate

Wo: Südost-england – Wie: mit dem Auto – Dauer: Tagesausflug – Nicht vergessen: festes Schuhwerk

Diese Rundtour bringt Ihre Familie durch den **Garten Englands**. So näm- lich wird der Südosten der Insel gern genannt. Sanft wellt sich die Landschaft, Obstbäume strecken ihre Zweige mit Kirschen, Äpfeln und Pflaumen ent- gegen und idyllische Dörfer winken einladend herüber. Typisch ist hier der Hopfenanbau und man sieht vielerorts noch die charakteristischen Darren (Oast Houses) mit spitzen Dächern, in denen der Hopfen traditionell getrocknet wurde. Ihre Kinder werden sich weniger für die Landschaft interessieren, doch dafür dürfen sie sich auf eine Burg mit Geheimtunneln, eine Bootspartie und einen Leuchtturm freuen. Starten Sie in Canterbury wie hier beschrieben oder beginnen Sie Ihre Fahrt an jedem ande- ren Punkt der beschriebenen Strecke.

Mittelalterliches Canterbury

Canterbury ist vor allem für seine Kathe- drale bekannt. Die Kleinstadt besitzt aber auch andere historische Gebäude und hat ihren mittelalterlichen Charme bewahrt. Zu dem romantischen Ambi- ente trägt auch der Stour bei, der durch die City fließt und von vielen Brücken und Stegen überspannt wird. Von Lon- don aus erreichen Sie die Stadt in etwa anderthalb Stunden über die M 2 und A 2 [Canterbury Visitor Centre, 18 High Street, Canterbury CT1 2RA, Tel. +44 (0)1227-86 21 62, www.canterbury.co.uk. Mo-Sa 9-17, Do bis 19, So 10-17 Uhr].

Die **Kathedrale von Canterbury** ist für die Anglikaner die bedeutendste Kirche Großbritanniens und Sitz des Erzbischofs von Canterbury. Nachdem der Erzbischof Thomas Becket 1170 in der Kirche ermordet wurde, ist sie seit dem Mittelalter das Ziel vieler Pilger. Eine Audiotour ist erhältlich (Erw. £ 4, Kinder £ 3). Sehenswert sind der Chor, die Dreifaltigkeitskapelle und die Krypta. [Canterbury Cathedral, The Precincts, Canterbury CT1 2EH, Tel. +44 (0)1227-76 28 62, www.canterbury-cathedral.org. Mo-Sa 9-17, Sommer bis 17.30, So 12.30- 14.30 Uhr. Erw. £ 10,50, Kinder (5-18 J.) £ 7, 1 Kind frei pro Erw. mit Voucher (online erhältlich)].

Seit der Ermordung Beckets ist die Kathedrale ein beliebtes Pilgerziel

Bei den alten Webern

Typisch englisches Roast bekommen Sie hier für £ 9,45 serviert – im Sommer auch in dem hübschen Garten. Sausages 'n' Mash und Steak and Kidney Pie sind ebenfalls zu haben. Kinder können zwischen vier unterschiedlichen Menüs (£ 5,95) auswählen. Der Name des Restaurants verweist übrigens auf die blühende Weberindustrie im 19. Jahrhundert. **Old Weavers Restaurant**, *1-3 St. Peter's Street, Canterbury CT1 2AT, Tel. +44 (0)1227-46 46 60, www.weaversrestaurant.co.uk. Tägl. 11-17 Uhr.*

Rudertour auf dem Stour

Ist es warm und trocken oder regnerisch und kalt? Im ersten Fall machen Sie doch eine Bootsfahrt auf dem Stour, im zweiten bietet sich ein Besuch der Canterbury Tales an. Um zum Start der **Flussfahrt** zu kommen, folgen Sie von der Kathedrale aus der Mercery Lane und biegen rechts in die High Street ab. So kommen Sie genau auf die Brücke zu, an der die Ruderboote ihre Touren starten. Bis zu zwölf Personen dürfen in solch einem Boot Platz nehmen. Der Ruderer ist zugleich Ihr Captain und Guide und weiß so manches aus der Geschichte Canterburys zu erzählen [Historic River Tours, The Kings Bridge, Canterbury CT1 2AT, Tel. +44 (0)7790-53 47 44, www.canterburyrivertours.co.uk. März-Okt tägl. 10-17 Uhr, Abfahrten alle 15-20 Min., Dauer 40 Min. Erw. £ 8,50,

Kinder (bis 12 J.) £ 5, (12-16 J.) £ 5,50, Familien (4 Pers.) £ 22,50].

Reise durch Chaucer's Tales

Oder lieber die **Canterbury Tales**? Von der Kathedrale aus gehen Sie ebenfalls die Mercery Lane hinab, dann aber geradeaus weiter auf die St. Margaret's Street. Kurz nach dem Abzweig der High Street sehen Sie rechts die **St. Margaret's Church**. Dort sind die Canterbury Tales beheimatet. Der Name bezieht sich auf die gleichnamigen Erzählungen von Geoffrey Chaucer, einem mittelenglischen Schriftsteller aus dem 14. Jahrhundert. Sie begeben sich hier auf eine Reise ins Mittelalter, wo Sie als Pilger von einem Gasthof in London bis zur Kathedrale von Canterbury wandern. Ein Audioführer auf Deutsch ist im Preis ebenfalls inbegriffen [Canterbury Tales, St. Margaret's Street, Canterbury CT1 2TG, Tel. +44 (0)1227-47 92 27, www.canterburytales.org.uk. Tägl. 10-16.30,

In Canterbury werden Geoffrey Chaucer's Tales hautnah erlebt

März-Okt bis 17, Juli/Aug ab 9.30 Uhr. Erw. £ 8,75, Kinder (5-15 J.) £ 6,75, Familien £ 26,95].

Verteidigung gegen Frankreich

Von Canterbury aus sind es auf der A 2 nur 25 km bis nach **Dover** [Dover Visitor Information Centre, Dover Museum, Market Square, Dover CT16 1PH, Tel. +44 (0)1304-20 10 66, www.whitecliffscountry.org.uk. Mo-Sa 9.30-17, April-Sep auch So 10-13 Uhr]. Hier besuchen Sie **Dover Castle** und wandern auf den Weißen Klippen zum Leuchtturm South Foreland. Parken Sie

Take a walk on the wild side

*Westlich von Sandwich an der Strecke zwischen Dover und Ramsgate warten Pinguine, Wallabys und Karakale, besser bekannt als Wüstenluchse, auf kleine Besucher. Einige Gehege können betreten werden, bei der Fütterung der Tiger, Pinguine und Otter kann man zuschauen. **Wingham Wildlife Park**, Rusham Road, Wingham CT3 1JL, Tel. +44 (0)1227-72 08 36, www.winghamwildlifepark. co.uk. Tägl. 10-18, im Winter bis 16 Uhr. Erw. £ 14, Kinder (2-15 J.) £ 11, Familien (4 Pers.) £ 44.*

In Dover Castle fühlen sich Kinder wie mittelalterliche Ritter

direkt an der Burg an der Harold's Road. Dover Castle besaß schon früh eine strategisch bedeutsame Lage an der schmalsten Stelle des Ärmelkanals. Bei klarem Wetter können Sie Frankreich auf der anderen Seite erkennen! Wahrscheinlich gab es schon unter den Angelsachsen eine Burg an dieser Stelle, unter König Henry II. nahm sie im 12. Jahrhundert allmählich ihre heutige Form an. Gegen die wiederholten Belagerungen durch die Truppen von König Louis VIII. von Frankreich ab 1216 wurden schließlich unterirdische Verteidigungsanlagen errichtet. Im Krieg gegen Napoleon kamen unterirdische Tunnel hinzu, in denen mehr als 2.000 Soldaten untergebracht werden konnten. Im Zweiten Weltkrieg dienten sie als Kommandozentrale und Lazarett. Die Wehranlagen und die geheimen Tunnel lassen sich bei einer Besichtigung entdecken. Kinder lieben die Ausstellung im Great Tower, der mit Möbeln und Alltagsgegenständen so hergerichtet wurde, als würde Henry II. noch immer hier residieren. Von oben bieten sich fantastische Aussichten [Dover Castle, Harold's Road, Dover CT16 1HU, www.english-heritage.org.uk. Tägl. 10-18, Okt bis 17, Nov-März nur Sa/So 10-16 Uhr. Erw. £ 17,50, Kinder (5-15 J.) £ 10,50, Familien £ 45,50].

Maritimer Wegweiser

Über die Upper Road fahren Sie nun zum Besucherzentrum der **Weißen Klippen**. Diese Kreidefelsen sind über 100 m hoch und begrüßen seit ewigen Zeiten Neuankömmlinge, die die Straße von Dover überqueren. Ehe Sie auf dem Klippenweg die herrliche Aussicht genießen, können Sie sich über die Klippen informieren oder ins Café setzen [Visitor Information White Cliffs of Dover, Langdon Cliffs, Upper Road, Dover CT16 1HJ, Tel. +44 (0)1304-20 27 56, www.nationaltrust.org.uk. März-Okt tägl. 10-17, Nov-Feb 11-16 Uhr. Eintritt frei, Parkplatz £ 3/Tag]. Auf etwa 3 km führt der Weg von hier zu dem viktorianischen **Leuchtturm South Foreland**, der viele Jahre lang den Schiffen im Ärmelkanal den Weg wies und vor allem vor der

Beeindruckend: Die Weißen Klippen fallen bis zu 100 m hinab ins Meer

Bei Ramsgate legten schon die Wikinger mit ihren Schiffen an

Sandbank Goodwin Sands warnen sollte. Bei einer geführten Tour besichtigen Sie das Innere und für Kinder gibt es ein Quiz [South Foreland Lighthouse, The Front, St Margaret's Bay, Dover CT15 6HP, Tel. +44 (0)1304-85 24 63, www.nationaltrust.org.uk. Mitte März-Okt Fr-Mo 11-17.30 Uhr, englische Ferien auch Di-Do. Erw. £ 5, Kinder £ 2,50, Familien £ 12,50].

Die Wikinger sind da

Letztes Ziel ist **Ramsgate**. Die Stadt an der Ostküste liegt 30 km von Dover entfernt und ist über die A 256 verbunden. In der Pegwell-Bucht am westlichen Ende von Ramsgate liegt der Nachbau des Wikingerschiffes **Hugin** an Land. Es ist ein Geschenk der dänischen Regierung. 1949 segelten 53 Dänen darauf nach England – in Erinnerung an die Landung der Wikinger Hengist und Horsa im Jahre 449. Das Boot kann jederzeit von außen besichtigt werden [Hugin, Pegwell Bay, Sandwich Road, Ramsgate, CT12 5JB, Tel. +44 (0)1843-57 75 77]. Am Hafen und Strand genießen Sie den späten Nachmittag und Abend. Wenn Sie Hunger bekommen, können Sie im **Belgian Café** direkt am Royal Harbour zu Abend essen – gut und günstig. Kindermenüs sind für £ 5 erhältlich [Belgian Café, 98 Harbour Parade, Ramsgate CT11 8LP, Tel. +44 (0)1843-58 79 25, www.belgiancafe.co.uk. Tägl. 7-2 Uhr].

Bootstrips ab Ramsgate

Vom Hafen in Ramsgate starten im Sommer zahlreiche Boote. Bei einer **Horizon Sea Safari** *(www.horizonseasafaris.com, Tel. +44 (0)7931-74 47 88) geht es mit einem sogenannten Festrumpfschlauchboot (RIB) zu den niedlichen Seehunden (Erw. £ 25, Kinder £ 18) oder die Küste entlang (Erw. £ 20, Kinder £ 15). Ein ähnliches Angebot, jedoch an Bord eines Luxus-Sportkreuzers, hat* **Galleon Cruises***. Die schicke „Mona Lisa" bringt Sie hier zur Sandbank mit Seehunden (£ 30 p. P., www.galleoncruises.com, Buchung: Tel. +44 (0)77400-710 15). Mit dem Fischerboot* **Seasearcher** *(www.seasearcher.co.uk) können Sie auch einen kurzen Sightseeing-Ausflug machen (£ 3 p. P.) oder Seehunde im River Stour sehen (£ 20 p. P., Buchung: Tel. +44 (0)7837-56 20 76).*

Tour 6: Portsmouth und Brighton: Hafenstadt und Seebad

Portsmouth: Historic Dockyard • Spinnaker Tower • Brighton: Royal Pavilion • Brighton Pier • Sea Life Centre • Volk's Electric Railway

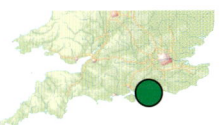

Wo: Portsmouth und Brighton – Wie: mit Auto oder Zug, einer besonderen Bahn und zu Fuß – Dauer: Tagesausflug – Nicht vergessen: Badesachen

Das bekannteste und größte Seebad an Englands Südküste ist Brighton. Die trubelige Stadt, die auch gern „London by the Sea" genannt wird, bildet einen schönen Kontrast zu Portsmouth, einer modernen Hafenstadt, die 80 km westlich liegt. Sie können den Ausflug auch für zwei Tage planen und von Portsmouth aus zusätzlich die Isle of Wight besuchen. Los geht es in Portsmouth.

Schiffe am Historic Dockyard

Portsmouth liegt 120 km südwestlich von London am Ärmelkanal [Visitor Information, Portsmouth, Clarence Esplanade 7, Southsea PO5 3NT, Tel. +44 (0)2392-82 67 22, www.visitports mouth.co.uk., im D-Day Museum. Tägl. 10-17, Okt-März bis 16.30 Uhr]. Mit dem Auto ist die Stadt über die A 3, die A 27 oder die M 27 gut zu erreichen. Züge fahren z. B. von London-Waterloo direkt bis zum Portsmouth Harbour (ca. 95 Min.). Die Stadt ist durch den Solent von der Isle of Wight getrennt. Seit dem Mittelalter entwickelte sie sich zum Marinestützpunkt. Danach sind auch die Museen der Stadt thematisch ausgerichtet (Royal Naval Museum, Submarine Museum). Außerdem sind im **Historic Dockyard** Schiffe zu besichtigen. Dort beginnen Sie Ihre Erkundung. Mit dem Ticket erhalten Sie Zutritt zur „Mary Rose", zur HMS Warrior 1860 und zur berühmten **„HMS Victory"**. Sie war das Flaggschiff von Nelson während der Schlacht von Trafalgar. Ebenfalls inklusive ist eine Schifffahrt durch den Hafen, sowie der Zutritt zu den Action Stations wie einem Hubschraubersimulator und einem Seilgarten für Kinder bis 7 Jahre. Mehrere Cafés und das Restaurant Boathouse laden zur Pause ein [Historic Dockyard, HM Naval Base, Victory Gate, Portsmouth PO1 3LJ, Tel. +44 (0)2392-83 97 66, www.historicdockyard.co.uk. Tägl.

Das Flaggschiff „HMS Victory" wirkt auch heute noch sehr einschüchternd

10-18, Nov-März bis 17.30 Uhr. Erw. £ 28, Kinder (5-15 J.) £ 21, Familien (6 Pers.) £ 78,40. Englisches Explorer-Logbuch im Royal Navy Museum erhältlich].

Hoch hinaus im Spinnaker Tower

Schon längst gesichtet haben Sie den Turm am Hafen. Der **Spinnaker Tower**

Die markante Form des Spinnaker Tower fällt schon von Weitem auf

---

Spielspaß bei Regenwetter

*Im Norden von Portsmouth kann auch dann getobt und gespielt werden, wenn es draußen ungemütlich wird. Die **Playzone** ist ein großer Indoorspielplatz mit mehreren Riesenrutschen, Kletterlabyrinth und Krabbelzone. Playzone, Oak Park Estate, Northarbour Road, Portsmouth PO6 3TJ, Tel. +44 (0)2392-37 99 99, www.theplayzone.co.uk. Tägl. 10-19, außerhalb der Ferien Do/Sa/So nur bis 16.30 Uhr. Erw. £ 1,25, Kinder (bis 4 J.) £ 5,25, (5-14 J.) £ 6,50.*

---

wurde 2005 eröffnet und ist benannt nach der bauchigen Form, die an ein Spinnakersegel erinnert. Er misst 170 m und besitzt drei Aussichtsplattformen. Nach 30 Sekunden Fahrt sind Sie auf Deck 1 (100 m Höhe). Dort wandeln Sie über den größten Glasboden Europas. Auf Deck 3, dem sogenannten Krähennest, sollten Sie Hüte festhalten, denn hier weht ein frischer Wind. Familien folgen gerne dem Maskottchen Vugo auf dem Weg durch den Turm. [Spinnaker Tower, Gunwharf Quays, Portsmouth PO1 3TT, Tel. +44 (0)2392-85 75 20, www.spinnakertower.co.uk. Tägl. 10-17.30, Aug So-Do bis 18 Uhr. Erw. £ 8,95, Kinder (3-15 J.) £ 6,95].

Blue Reef Aquarium

Im **Blue Reef Aquarium** tauchen Sie in die Unterwasserwelt ein. Es gibt ein tropisches Riff, einen Unterwassertunnel, Haie, Rochen sowie Otter zu sehen [Blue

Reef Aquarium, Clarence Esplanade, Southsea PO5 3PB, Tel. +44 (0)2392-87 52 22, www.bluereefaquarium.co.uk. Tägl. 10-18, Nov-März 10-17 Uhr. Erw. £ 10, Kinder (3-12 J.) £ 7,75, Familien (4 Pers.) £ 33,50]. Gleich beim Aquarium befinden sich auch das **D-Day Museum** [www.ddaymuseum.co.uk. Tägl. 10-17, April-Sep bis 17.30 Uhr. Erw. £ 6,70, Kinder £ 4,60] und das **Southsea Castle** [www.southseacastle.co.uk. April-Okt Di-So 10-17.30 Uhr], das Henry VIII. errichten ließ. Hier ist auch die Tourist-information ansässig.

Isle of Wight

Von Portsmouth fahren in der Saison stündlich Auto- und Personenfähren auf die Isle of Wight. Schöne Ziele dort sind **Shanklin** *mit seinem Sandstrand und die* **Needles**, *Kalksteinnadeln, die bei Alum Bay aus dem Meer ragen und das Wahrzeichen der Insel sind. Ein Sessellift bringt Sie aufs Cliff (www.the needles.co.uk) zu einem Vergnügungspark. Im Süden befindet sich der Vergnügungspark* **Blackgang Chine**. *Im Zentrum liegt der* **Robin Hill Adventure Park**. *Animierte Dinos hat die* **Dinosaur Isle** *zu bieten (Sandown, Ostküste). Anfahrt: Katamaran nach Ryde oder Autofähre nach Fishbourne (www.wightlink. co.uk), Hovercraft nach Ryde (www.hovertravel.co.uk), Insel-Info: www.visitisleofwight.co.uk.*

Charles Dickens' Geburtsort

Der berühmte Verfasser von „Oliver Twist" und „David Copperfield" kam 1812 in Portsmouth zur Welt. Dem Sohn der Stadt widmet sich das **Charles Dickens' Birthplace Museum**. *Drei Räume sind im Regency-Stil eingerichtet, außerdem werden einige Gegenstände aus Dickens' Besitz gezeigt. 393 Old Commercial Road, Portsmouth PO1 4QL, Tel. +44 (0)2392-82 67 22, www.charlesdickensbirth place.co.uk. April-Sep Di-So 10-17.30 Uhr. Erw. £ 4,10, Kinder (unter 18 J.) frei.*

Ganz schön exotisch – der Royal Pavilion

Nun geht es nach **Brighton**. Von Portsmouth aus fahren Sie mit dem Auto 80 km nach Osten, der Zug bringt Sie in 80 Minuten dorthin. Auch von anderen Orten ist die Stadt gut zu erreichen: Von West und Ost bringt Sie die A 27 in die Stadt, von Norden her die A 23. Der Bahnhof wird von London direkt angefahren (Victoria oder London Bridge Station, Dauer ca. 1 Std.). Am Bahnhof befindet sich am **Toy and Model Museum** [52-55 Trafalgar Street, Brighton BN1 4EB, Tel. +44 (0)1273-74 94 94, www. brightontoymuseum.co.uk. Di-Fr 10-17, Sa 11-17 Uhr. Erw. £ 4,50, Kinder (4-14 J.) £ 3,50, Familien £ 12,50] auch eine kleine Außenstelle der **Touristinformation**. Die Zentrale ist im hafennahen Royal Pavilion [Brighton Tourist Information,

*Badestrand und Vergnügungspier:
Eltern sowie Kinder lieben Brighton*

4-5 Pavilion Buildings, Brighton BN1
1EE, Tel. +44 (0)1273-29 03 37, www.
visitbrighton.com. Tägl. 10-17 Uhr].
Das erste Ziel ist der **Royal Pavilion**. Folgen Sie vom Bahnhof aus der Queen's
Road Richtung Meer und biegen links
in die North Street ein (1 km). Der Palast
des Prinzregenten (siehe Kasten), wurde
Anfang des 19. Jahrhunderts erbaut und
bietet Überraschendes. Von außen gibt
sich das Gebäude ganz indisch, während
im Inneren alles im chinesischen Stil
gestaltet und eingerichtet wurde. Ganz
schön exotisch! Kostenlose Audioguides
sind auch auf Deutsch erhältlich,
außerdem gibt es eine Tour in leichtem
Englisch (Easy English) und eine speziell
für Kinder, ebenfalls nur auf Englisch.
Im Tearoom sind neben Sandwiches und
Pies auch klassische Gerichte aus der
Zeit von König George IV. zu genießen,
etwa Spiced English Lamb [Royal Pavilion, 4-5 Pavilion Buildings, Brighton BN1
1EE, Tel. +44 (0)3000-29 09 00, www.
brighton-hove-rpml.org.uk. Okt-März
tägl. 10-17.15, April-Sep 9.30-17.45 Uhr.
Erw. £ 11, Kinder (5-15 J.) £ 6, Familien (2
Erw. + 2 Kinder) £ 28].

Der Vergnügungspier

Über die East Street gehen Sie nun auf
den Badestrand (siehe S. 22) zu und
erblicken schon bald den berühmten
Brighton Pier. 1899 wurde er als Palace
Pier errichtet und bietet seitdem auf
einer Länge von 500 m Vergnügungen
aller Art. Neben einer Achterbahn und
einer Wildwasserbahn gibt es weitere
Attraktionen wie den Booster und eine
Geisterbahn. Typisch britisch mutet der
Palace of Fun mit seinen unzähligen
Spielautomaten an. Natürlich finden
sich auf dem Pier auch Bars, Imbisse
und Restaurants. Abends wird er wun-

Prinzregent und Regency-Architektur

*Nachdem König George III.
erkrankt war, führte sein Sohn
George IV. die Amtsgeschäfte
ab 1811 zunächst als Prinzregent. Nach dem Tod des Vaters
regierte er dann von 1820 bis
1830 Großbritannien. Die
Stilrichtung des Regency wurde
nach der Prinzregentschaft benannt und wird zwischen 1783
und 1834 angesetzt. Merkmal
war vor allem die Verwendung
von Gusseisen, z. B. auch
bei Balkonen, beliebt waren
Verzierungen in Form von
ägyptischen und chinesischen
sowie Tiermotiven. Typische
Regency-Architektur ist in den
Lanes von Brighton zu sehen,
dem Viertel zwischen Ship
Street, North Street, East Street
und Bartholomew Square.*

Pizza und Pasta in Brighton

Im **Bella Italia** fühlen sich Kinder wohl. Das Kindermenü enthält Vorspeise, Hauptgericht, Nachtisch und Getränk und kostet £ 5,25. Dazu erhalten sie ein Heftchen zum Ausmalen. Für die Großen gibt es auch eine gute Auswahl an Pizza, Pasta, Fisch- und Fleischgerichten. Das Restaurant befindet sich in den Lanes, dem hübschen Viertel nordwestlich des Piers. Bella Italia, 24 Market Street, Brighton BN1 1HH, Tel. +44 (0)1273-77 76 07, www.bellaitalia.co.uk. Tägl. 8-23 Uhr.

derschön beleuchtet [Brighton Pier, Madeira Drive, Brighton BN2 1TW, Tel. +44 (0)1273-60 93 61, www.brightonpier.co.uk. Tägl. ab 10 Uhr. Eintritt frei, Fahrgeschäfte 2-5 Chips, 1 Chip (token) £ 1]. Brighton besaß früher zwei Piers. Die kläglichen Überreste des West Piers stehen unter Denkmalschutz. Seit 1975 ist er geschlossen und verfällt zunehmend, Die Errichtung eines spektakulären Aussichtsturms namens i360 zieht sich seit Jahren hin, im Juli 2014 wurde mit dem Bau begonnen. Wie das Ganze einmal aussehen soll, zeigt die Homepage unter www.brightoni360.co.uk.

Den großen Fischen ganz nah

Vom Pier zurück an Land erblicken Sie rechts das **Sea Life Centre**. Das schöne viktorianische Gebäude stammt von 1872. Es beherbergt das älteste Aquarium der Welt, kann aber nichtsdestotrotz mit modernsten Attraktionen aufwarten. Ganz vorn steht dabei das Glasbodenboot, das neue Perspektiven eröffnet. Auch vom Unterwassertunnel lassen sich die Riesenschildkröten Lulu und Jersey sowie mehrere Haiarten beobachten. Seepferdchen, Rochen und viele bunte Fische sind weitere Bewohner im Sea Life. Stündlich ab 11 Uhr können Sie bei einer der Fütterungen zuschauen [Sea Life, Marine Parade, Brighton BN2 1TB, Tel. +44 (0)1273-60 42 34, www.visitsealife.com. Tägl. 10-18, Sommer bis 19, Winter bis 17 Uhr. Erw. £ 17,50, Familien £ 14,50 p.P., Online-Ermäßigung, Glasbodenboot £ 3].

Mit der Straßenbahn zur Marina

Direkt am Sea Life Centre ist eine Haltestelle der **Volk's Electric Railway** [Volk's Electric Railway, volkselectricrailway.co.uk. Ostern-Okt tägl. ab 10.15 (Mo/Fr 11.15) alle 15 Min. bis 17 (Sa/So 18 Uhr). Rückfahrticket ganze Strecke Erw. £ 3,60, Kinder (3-14 J.) £ 2,10, Familien (4 Pers.) £ 9,30]. Steigen Sie ein in die älteste elektrische Straßenbahn von Großbritannien und fahren Sie bis zum Peter Pan Playground (siehe S. 22) oder bis zur Endhaltestelle Black Rock. Von hier gehen Sie in fünf Minuten zur Marina mit ihren Einkaufsläden, einem Kino und der Möglichkeit, eine **Bootstour** zu unternehmen [Ross Boat Trips, Pontoon 5, Brighton Marina, Brighton BN2 5UP, Tel. +44 (0)7958-24 64 14, www.watertours.co.uk. Erw. £ 8,50, Kinder (unter 16 J.) £ 6,50]. In der Marina oder in einem der vielen Restaurants in den Lanes können Sie den Tag gemütlich ausklingen lassen.

Tour 7: Unterwegs in Wiltshire – ab in die Steinzeit

Salisbury • Old Sarum • Stonehenge • Longleat

Wo: Wiltshire, der mittlere Süden – Wie: mit dem Auto – Dauer: Tagesausflug – Nicht vergessen: Straßenkarte

Stonehenge und der Safaripark Longleat sind die spannenden Ziele auf dieser Tour und dürften auch beim Nachwuchs Vorfreude auslösen. Wer mag, schiebt noch einen Kurzbesuch in Salisbury vorweg, das sich mit dem höchsten Kirchturm Großbritanniens rühmen darf. Salisbury liegt 140 km südwestlich von London, Sie erreichen es über die A 30, von Southampton oder von Bath über die A 36.

Mittelalterliches Flair in Salisbury

In **Salisbury** begeben Sie sich quasi direkt ins Mittelalter [Salisbury Tourist Information Centre, Fish Row, Salisbury SP1 1EJ, Tel. +44 (0)1722-34 28 60, www.visitwiltshire.co.uk. Mo-Fr 9-17, Sa 10-16, So 10-14 Uhr]. Die Stadt wurde am Reißbrett entworfen, als Old Sarum (3 km nördlich) nicht mehr genügend Platz bot. So kam es zu einer schachbrettartigen Straßenanlage, die bis heute ein Stück Mittelalter bewahrt.

Die **Kathedrale** ist ein zwischen 1220 und 1258 erbautes Meisterwerk der englischen Frühgotik. Unbedingt zu empfehlen ist ein Aufstieg auf den höchsten Kirchturm der gesamten Insel, welcher mit 332 Stufen 123 m misst. Dafür wird man mit einer einzigartigen Aussicht belohnt. Im Kapitelhaus ist eines der letzten vier Exemplare der Magna Charta zu sehen, mit der König John Lackland (Johann Ohneland) 1215 dem Adel zahlreiche Zugeständnisse machte und der Kirche ihre Unabhängigkeit zusicherte. **The Close**, die ummauerte Rasenfläche rund um die Kirche, ist die größte Domfreiheit Englands [Salisbury Cathedral,

Die Kathedrale gilt als ein Meisterwerk der frühenglischen Architektur

Pause in der Mühle

*Einst eine Getreidemühle, heute eine Galerie mit Café – das ist **Fisherton Mill**. Von der Kathedrale aus Richtung Norden kommen Sie über High Street und Bridge Street dorthin. Sandwiches, Suppen und Salate stehen genauso auf der Speisekarte wie spezielle Angebote für Kinder, z. B. Marmite Toast oder auch Nudeln mit Tomatensoße. Gallery Café, Fisherton Mill, 108 Fisherton Street, Salisbury SP2 7QY, Tel. +44 (0)1722-50 02 00, www.fishertonmill.co.uk. Di-Fr 10-17, Sa 9.30-17 Uhr.*

The Close, Salisbury SP1 2EJ, Tel. +44 (0)1722-55 51 20, www.salisburycathedral.org.uk. Mo-Sa 9-17, So 12-16 Uhr. Empfohlene Gabe Erw. £ 6,50, Kinder (5-17 J.) £ 3, Familien £ 15. Turm (Tower Tour) April-Sep Mo-Sa stündl. zwischen 11.15 u. 15.15, So 13.15/14.15 Uhr, Okt-März 1-2 Mal tgl. Erw. £ 10, Kinder (ab 5 J. und 1,20 m Größe) £ 8, Familien £ 27].

Das alte Salisbury

Auf dem Weg von Salisbury nach Stonehenge liegt Old Sarum, die Ursprungssiedlung von Salisbury. Von dem Hügel der einstigen Burganlage, die schon die Kelten, die Römer und die Angelsachsen bewohnten, lässt sich noch einmal ein Blick auf Salisbury und seine Kathedrale werfen. Unter den Normannen wurden eine hölzerne Burg und eine Kathedrale erbaut, ehe man Richtung Süden umzog.

Die Steine von Old Sarum wurden als Baumaterial für die neue Siedlung benutzt, daher sind keine Bauten erhalten. Die Umrisse sind aber gut zu erkennen [Old Sarum, Castle Road, www.english-heritage.org.uk. Ganzjährig geöffnet, im Sommer tägl. 9-18 Uhr. Erw. £ 4, Kinder (5-15 J.) £ 2,40].

Internationales Mysterium

Die Grafschaft Wiltshire ist gespickt mit steinzeitlichen Zeugnissen, von denen Stonehenge das bekannteste und bedeutsamste ist [Stonehenge, an der A 344, Amesbury SP4 7DE, www.english-heritage.org.uk. Tägl. 9.30-18, Juni-Aug 9-20, Winter bis 17 Uhr. Erw. £ 13,90, Kinder £ 8,30, Familien £ 36,10].

Steintransport

Eine erste Anlage mit einem Ringwall und einem Graben entstand hier um 3100 v. Chr., also in der Jungsteinzeit. Rundum grub man Löcher, die nach ihrem Entdecker Aubrey-Löcher genannt werden und vielleicht für Bestattungen dienten. Die ersten Steine kamen dann um 2500 v. Chr., und zwar von der walisischen Küste. Sie wurden also über fast 400 km hierher transportiert! Vermutlich geschah dies auf Schiffen und schließlich über Land mithilfe von untergelegten Baumstämmen (Rollschlitten). Diese sogenannten Blausteine, von denen jeder 2 bis 4 Tonnen wiegt, wurden kreisförmig aufgestellt.

Was verbirgt sich bloß hinter dem bekanntesten Steinkreis der Welt?

Sie finden den geheimnisvollen Steinkreis 11 km nordwestlich von Salisbury. Wer ohne Auto unterwegs ist, kann vom Bahnhof in Salisbury auch per Bus nach Old Sarum und Stonehenge gelangen [www.thestonehengetour.info. Erw. £ 14, Kinder £ 9, Familien £ 40, Kombitickets erhältlich]. Mit dem Auto fahren Sie von Salisbury entweder direkt über die A 360 nach Stonehenge oder, wenn Sie von Old Sarum kommen, über die A 345 und dann weiter zur A 360. Es ist zu empfehlen, Tickets vorab online zu erwerben. Das 2013 eröffnete Besucherzentrum beherbergt eine interessante Ausstellung mit interaktiven Stationen. In Nachbauten von Häusern aus der Jungsteinzeit wird gezeigt, wie unsere Vorfahren einst lebten. Zur eigentlichen Attraktion geht es dann in einer zehnminütigen Shuttle-Fahrt. Sie können einen kostenlosen Audioguide auf Deutsch ausleihen und ein Activity Pack für Kinder im Shop

erwerben (£ 2,99). Der äußere Steinkreis aus 30 Sandsteinblöcken – umlaufend mit Decksteinen versehen – und die hufeisenförmige Anordnung in der Mitte aus fünf noch höheren Trilithen stammen aus der Zeit um 2300 bis 1500 v. Chr. Bei den Trilithen handelt es sich um je zwei aufgerichtete Steine, die einen Deckstein tragen. Dieser hielt mithilfe von herausgearbeiteten Zapfen auf seinen zwei Tragsteinen. Die Blausteine (siehe Kasten S. 67) wurden inzwischen umgruppiert. Die größten Exemplare wiegen rund 50 Tonnen und sie bestimmen bis heute das beeindruckende Bild von Stonehenge. Diese Steine stammen aus der näheren Umgebung, den Marlborough Downs. Außerhalb des Steinkreises steht der Fersenstein (Heel Stone). Direkt über ihm geht an Mittsommer die Sonne auf. Daneben führte die Avenue, eine Prachtstraße, bis zum River Avon. Was ist Stonehenge nun?

Steine zum Anfassen

*Weniger bekannt als Stonehenge ist der 35 km nördlich gelegene **Steinkreis von Avebury**, der aber ebenso zum Weltkulturerbe der UNESCO zählt und der größte Steinkreis der Welt ist. Außerdem ist Avebury weniger überlaufen und man darf direkt an die Steine heran – ohne Eintritt (National Trust Estate Office, High Street, Avebury SN8 1RF, Tel. +44 (0)1672-53 92 50, www.nationaltrust.org. uk). Direkt durch den Steinkreis verläuft eine Straßenkreuzung. Mittendrin lässt sich daher im Red Lion Pub pausieren. An der Straße von Avebury nach Calne können Sie außerdem an einem Hang kurz vor Cherhill eines von acht weißen Pferden sehen, die im 18. Jahrhundert in den kalkreichen Untergrund geritzt wurden.*

Die Ausrichtung der Steine deutet auf einen Sonnenkult hin. Vielleicht diente die Anlage aber auch als astronomischer Kalender. In jedem Fall ist es möglich, den Sonnenauf- und -untergang zur Sommer- und Wintersonnenwende exakt zu bestimmen. Noch immer wird in und um Stonehenge geforscht und noch immer findet man neue Kreise und Hügel in der Umgebung.

In England auf Safari

Mit dem Auto geht es weiter zum Longleat House (35 km westlich von Stonehenge). Mit einem einfachen Herrenhaus könnten Sie Ihre Kinder wohl kaum hierher locken, aber Longleat ist vor allem eins: ein Safaripark!

Mit dem eigenen Wagen oder einem Safaribus fahren Sie an Löwen, Giraffen, Nashörnern und Affen vorbei, als wären Sie mitten in Afrika. Die zweite große Attraktion ist der dazugehörige Adventure Park. Auch hier spielen Tiere die Hauptrolle, z. B. im Jungle Kingdom. Bei einer Bootstour kommen Sie Seelöwen fast zum Berühren nah und schippern direkt an der Gorilla-Insel vorbei. Longleat ist auch Heimat des weltgrößten Heckenlabyrinths (hedge maze). Sie sollten 20 bis 90 Minuten einplanen, um zum Turm in der Mitte zu finden. Zum Austoben am Ende des Tages gibt es einen Spielplatz im Adventure Castle. Vorsicht, im Splashpad kann es auch mal nass werden [Longleat, Warminster, Tel. +44 (0)1985-84 44 00, www.longleat. co.uk. Mitte Feb-Anfang Sep Kernzeit 10-16, Hochsommer/Ferien 10-19 Uhr. Erw. £ 31,50, Kinder (3-14 J.) £ 22,50]. Zurück nach Salisbury bringt Sie die A 36 (40 km)].

Kuckuck: Im Safaripark Longleat wird man neugierig begutachtet

Tour 8: Von Cheddar nach Bath

Cheddar: Cheddar Caves & Gorge • Bath: Roman Baths • Bath Abbey

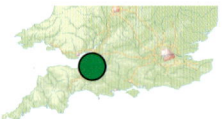

Wo: Somerset – Wie: mit dem Auto, Bus, zu Fuß und dem Boot – Dauer: Tagesausflug – Nicht vergessen: warme Kleidung und feste Schuhe für Cheddar Gorge

Diese Tour beginnt mit einem Besuch in einer tiefen Schlucht und zwei Tropfsteinhöhlen bei dem sonst hauptsächlich für seinen Käse bekannten Ort Cheddar. Durch die bildhübsche Landschaft Somersets geht es ins berühmte Bath, dessen Heilquelle sogar schon die Römer nutzten und liebten.

Höhlen, Schluchten und Museen

Cheddarkäse kennt man auch in Deutschland. Benannt ist er nach der gleichnamigen Stadt **Cheddar**, wo er hergestellt wird. Cheddar ist aber auch bekannt für seine spektakuläre Schlucht, die 3 km lange und bis zu 120 m tiefe **Cheddar Gorge**, und die dort befindlichen **Tropfsteinhöhlen**. Ein Ticket gilt nicht nur für die beiden Höhlen, sondern ebenfalls für den Besuch des Museums, den Aufstieg zum Turm und die Fahrt mit dem offenen Doppeldecker durch die Schlucht. Entlang der Schlucht gibt es mehrere Parkplätze [Cheddar Caves & Gorge, Cheddar BS27 3QF, Tel. +44 (0)1934-74

Bei der Fahrt durch die kurvenreiche Schlucht kann einem schon mulmig werden

Alles Käse?

Einkaufsmöglichkeiten für Cheddarkäse bieten sich entlang der ganzen Schlucht. Wer bei der Produktion zuschauen möchte, kann dies bei der **Cheddar Gorge Cheese Company***. Von der Besuchergalerie aus lässt sich zumindest ein Teil des Herstellungsprozesses verfolgen. The Cliff, Cheddar BS27 3QA, Tel. +44 (0)1934-74 28 10, www. cheddargorgecheeseco.co.uk. Tägl. 10-16 Uhr. Erw. £ 1,95, zwei Kinder (bis 16 J.) frei.*

23 43, www.cheddarcaves.co.uk. Tägl. 10.30-17, Juli/Aug/Ferien 10-17 Uhr, Bus April-Sep tägl., Feb-April, Okt nur Sa/ So. Erw. £ 18,95, Kinder (5-15 J.) £ 12,50, Familien (4 Pers.) £ 57,50]. Es ist empfehlenswert, zunächst mit dem Bus durch die Schlucht zu fahren und dann **Gough's Cave** zu besuchen, wo ein Audioguide in deutscher Sprache Sie zu fantastischen Stalaktiten und Stalagmiten führt. Wenige Meter von der Höhle entfernt befindet sich das **Museum für Vorgeschichte**, in dem eine Nachbildung des **Cheddar Man** zu sehen ist, ein Skelett, das 1903 in der Gough's Cave gefunden wurde. Kinder können sich an Höhlenmalerei versuchen und im Sommer zuschauen, wie unsere Vorfahren Feuer entfachten oder Faustkeile herstellten.

Bunte Mineralien

Weiter geht es zu **Cox's Cave**, die nach ihrem Entdecker George Cox benannt wurde. Diese Höhle ist etwas kleiner,

aber nicht minder schön und mit bunt schimmernden Mineralien ausgestattet. Kinder lieben die dunklen Wege durch die magisch erscheinende Crystal-Quest-Welt zum Abschluss.

Auf der Jakobsleiter lässt sich nun noch die Klippe über 274 Stufen erklimmen, noch höher geht es über weitere 48 Stufen auf den Aussichtsturm. Wer viel Zeit hat und einen längeren Marsch über 5 km nicht scheut, kann auf dem Cliff Walk weitere Aussichten genießen.

Quellen in Bath

Um von Cheddar nach **Bath** zu kommen, fahren Sie durch die Schlucht und gelangen über die A 368 und die A 39 nach knapp 40 km in die Stadt mit der **heißen Quelle**. Diese wussten schon die Römer zu schätzen und sie wurde 1988

Noch mehr Tropfsteine

Höhlenfans werden auch in **Wookey Hole** *fündig, 10 km südöstlich von Cheddar. Der Legende nach wurde die Hexe von Wookey hier versteinert. An der alten Papiermühle gibt es außerdem ein Dino-Tal, Piratengolf und ein Spiegellabyrinth. Am Wochenende finden Zirkusvorführungen statt. Neu seit 2014 ist der 4D-Film „The Last World", in dem Dinosaurier zum Leben erwachen. The Mill, Wookey Hole BA5 1BB, Tel. +44 (0)1749-67 22 43, www.wookey. co.uk. Tägl. 10-17, Nov-März 10-16 Uhr. Erw. £ 18, Kinder (3-14 J.) £ 12, inkl. Minigolf.*

von der UNESCO zum Weltkulturerbe erklärt [Tourist Information Centre, Abbey Chambers, Abbey Churchyard, Bath BA1 1LY, Tel. +44 (0)844-847 52 57, www.visitbath.co.uk. Mo-Sa 9.30-17.30, So 10-16 Uhr].

Einen Überblick über Baths Sehenswürdigkeiten verschafft eine **Sightseeing-Bus-Tour** mit dem offenen Doppeldecker. Zwei Touren sind im Angebot (City und Skyline Tour). Nach dem „Hop on, hop off"-Prinzip können Sie an allen Stationen 24 Stunden lang aus- und wieder einsteigen. Zentraler Startpunkt ist die Abtei (Bath Abbey, High Street), Kommentare sind auch auf Deutsch zu hören [Bath Bus Company, 6 North Parade, Bath BA1 1LF, Tel. + 44 (0)1225-33 04 44, www.bathbuscompany.com. Tägl. 10-17 Uhr, alle 6-15 Min. im Sommer, alle 20-30 Min. im Winter. Erw. £ 14, Kinder (5-15 J.) £ 8, Familien £ 34].

> ## Mmmh ...
>
> *In Bath essen Familien gut in* **Jamie's Italian** *(10 Milsom Place, www.jamieoliver.com. Tägl. 12-22.30 Uhr). Das Restaurant des Kultkochs hat auch eine Kinderkarte, es gibt z. B. Spaghetti Bolognese. Im hübschen* **Loch Fyne Restaurant** *(24 Milsom Street, www.lochfyneseafoodandgrill.co.uk. Tägl. 8-22.30 Uhr) erhalten Kinder für £ 6 zwei Gänge von der Kinderkarte, in den Sommerferien essen sie vor 19 Uhr sogar umsonst, ordert ein Erwachsener ein Gericht. Im* **Circus Café** *gibt es Scones (34 Brock Street, www.the circuscafeandrestaurant.co.uk. Mo-Sa 10-24 Uhr). Tee gibt es im ältesten Haus der Stadt bei* **Sally Lunn's** *(4 North Parade Passage, www.sallylunns.co.uk. Tägl. 10-22, So 11-21 Uhr).*

Vor der Bath Abbey (S. 74) hatten hier schon viele Kirchen ihren Platz

Die City Tour verläuft über den Circus, einen kreisrunden Platz, und am Crescent vorbei, einer halbmondförmigen Reihe von Häusern, in deren Nummer 1 ein Museum Wohnkultur des 18. Jahrhunderts zeigt. Ein Halt mit Kindern lohnt an Haltestelle 13, wo im Royal Victoria Park ein Abenteuerspielplatz lockt. Zwei Stationen weiter bietet der Minigolfplatz an der Royal Avenue sportliche Abwechslung. Hauptsehenswürdigkeit der hübschen Stadt mit ihrer georgianischen Architektur sind die **römischen Bäder**. Nachdem die Römer an dieser Stelle eine heiße Quelle entdeckt hatten, begannen sie um 75 n. Chr. mit dem Bau ihrer Therme. Die Stadt nannten sie Aquae Sulis und widmeten das Bad der Göttin Sulis-Minerva. Wasser sprudelt bis heute, stets 46,5 Grad warm und täglich bis zu 1.170.000 Liter! Baden kann man hier leider nicht mehr, aber gekostet werden kann die gesunde Flüssigkeit im **Pump Room**, in dem sich auch ein Restaurant befindet. Mittelpunkt des Komplexes ist das Große Bad unter freiem Himmel. Beim Rundgang sind außerdem die Quelle, die Umkleiden, die Fußbodenheizung und weitere Schwimmbecken zu sehen. Lebendig wird der Rundgang durch verschiedene Filmprojektionen, in der Hauptsaison begegnen einem auch so manche „echte" Römer [Roman Baths, Abbey Church Yard, Bath BA1 1LZ, Tel. + 44 (0)1225-47 77 85, www.romanbaths.co.uk. Tägl. 9-18,

Die heißen Quellen von Bath sind die einzigen ihrer Art in England

Juli/Aug bis 22, Nov-Jan 9.30-17.30 Uhr. Erw. £ 13,50 (Juli/Aug £ 14), Kinder (6-16 J.) £ 8,80, Familien (bis 6 Pers.) £ 38, inkl. Audioguide auf Deutsch].

Die Abtei von Bath

Gleich nebenan erhebt sich **Bath Abbey**. Erst bauten die Angelsachsen an dieser Stelle eine Kirche, dann die Normannen, schließlich kam Bischof Oliver King und ließ seinen Traum von einer neuen Kirche wahr werden. 1499 wurde mit ihrem Bau begonnen. Das schöne Fächergewölbe wird Ihre Kinder kaum vom Hocker reißen, dafür aber vielleicht eine Tour auf den Turm (allerdings nur für Kinder ab 5 Jahren). Nach 212 Stufen öffnet sich eine herrliche Sicht über Bath [Abbey Chuchyard, Bath BA1 1LY, Tel. +44 (0)1225-42 24 62, www.bathabbey.org. Mo-Fr 9.30-17.30, Sa 9-18, Nov-März 9-16.30, So 13-14.30/16.30-17.30 Uhr. Eintritt frei, Spende von £ 2,50 erwünscht, Turm (nicht So) Erw. £ 6, Kinder (5-14 J.) £ 3].

Weltweit gibt es nur vier Brücken, die von Läden gesäumt sind

Auf nach Bristol

*Bristol ist eine moderne Hafenstadt, nur 20 km westlich von Bath. Anziehungspunkte für Familien sind der Bristol Zoo und das Sciencemuseum At-Bristol (siehe S. 95). Der Avon lässt sich auf der **Clifton Suspension Bridge** 76 m über dem Wasser überqueren. Die Hängebrücke wird nachts von 3.000 LEDs illuminiert. Weitere Infos unter www.visitbristol. co.uk, die Touristinformation befindet sich in der Canon's Road am Hafen (tägl. 10-17, So 11-16 Uhr).*

Über dem Avon

Ein kurzer Spaziergang von 300 m bringt Sie zur **Pulteney Bridge**, die den Avon schon seit 1770 überspannt. Schon die Brücke selbst ist mit ihren kleinen Läden einen Besuch wert. Außerdem starten von hier aus auch einige Bootstouren. Die **Pulteney Princess** schippert in etwa 30 Minuten gen Norden bis nach Bathampton, ein hübsches englisches Dorf, in dem Sie eine Pause einlegen können [Avon Cruising Limited, www.pulteneyprincess.co.uk, Tel. +44 (0)7791-91 06 50. Ostern-Okt 11.40/13/14.20/15.40/17 Uhr. Einf. Fahrt Erw. £ 4, Kinder (5-16 J.) £ 2]. Ähnlich operieren auch die **Pulteney Cruisers** [www.bathboating.com, Tel. +44 (0)1225-31 29 00. Rückfahrticket Erw. £ 8, Kinder (5-16 J.) £ 4]. Von Bathampton ist die Rückfahrt auch mit dem Bus möglich (ab Haltestelle Warminster Road).

Tour 9: Ab ins Moor zu wilden Ponys und hohen Felsen

Haytor • Widecombe-in-the-Moor • Postbridge • Princetown •
Lydford • Okehampton

Wo: Dartmoor, im südlichen Devon – Wie: mit dem Auto – Dauer: Tagesausflug, kann auf mehrere Tage aufgeteilt werden – Nicht vergessen: Straßenkarte, Wanderkarte, feste Schuhe, Regenkleidung und Sonnencreme, MP3-Player für Audiotouren

Ein wenig geheimnisvoll – das ist das **Dartmoor** auf jeden Fall. Zur Vorbereitung können ältere Kinder sich mit

Der Fantasie freien Lauf lassen im geheimnisvollen Dartmoor

Mini-Ponys

*Neben den süßen Mini-Ponyfohlen wirken selbst Kleinkinder noch groß. Im **Miniature Pony Centre** leben viele weitere Farmtiere wie Schafe, Kaninchen und auch Mini-Esel. Den ganzen Tag über läuft ein Programm inklusive Greifvogel-Show (außer Fr). Spielplätze sind draußen und in der Halle. Moretonhampstead, Dartmoor TQ13 8RG, Tel. +44 (0)1647-43 24 00, www.miniatureponycen tre.com. April-Okt tägl. 10.30-16.30, Juli/Aug 10-17 Uhr. Erw. £ 8,25, Kinder (3-16 J.) £ 7,25, Familien £ 29,50.*

Arthur Conan Doyles „Der Hund der Baskervilles" schon mal einstimmen. An sonnigen Tagen, wenn kein Nebel über das Gras wabert, ist aber auch das Dartmoor ein freundlicher Platz. Vor allem die wild umherziehenden Ponys und Schafe sorgen für Anblicke, die man aus Deutschland nicht kennt. Weitere Besonderheiten sind die Clapper Bridges, einfache Brücken aus Steinplatten, auf denen einst Zinn über die Flüsse transportiert wurde. Auf eine frühe Besiedlung deuten die vielen Steinkreise, Steinreihen und Menhire aus der Jungsteinzeit und Bronzezeit hin. Und schließlich gibt es noch die Tors, Hügel mit Granitfelsen, die sich unversehens aus der Ebene erheben.

Einer der größten von ihnen ist Haytor, die erste Station der Tour. Anschließend sind eine Clapper Bridge, ein Gefängnis, ein Wasserfall und eine Burg Ziele, die auch Kinder lieben.

Steinbrüche und Kletterfelsen

Zum **Haytor** im östlichen Dartmoor gelangen Sie über die B 3387 von Bovey Tracey, das wiederum über die A 382 Anschluss an die A 30 im Norden bzw. die A 38 im Süden hat. Eigentlich sind es zwei Erhebungen und beide geben ein charakteristisches Bild ab, das schon von Weitem zu sehen ist: der Felsturm und daneben der Haytor Rocks. Gegenüber vom ersten Parkplatz, wo das **Besucherzentrum** weitere Informationen bereithält, führt der Weg knapp 1 km leicht bergan, ein zweiter Parkplatz befindet sich ein Stück weiter, dann ist der Weg

> ### Essen im Old Inn
> *Zu einer Pause lädt das **Old Inn** ein. Bei gutem Wetter können Sie im Garten sitzen. Für Kinder stehen sechs Menüs auf der Speisekarte, die Großen mögen einen Gourmet Burger, Steak, Pies oder Lasagne. Sonntags gibt es Sunday Roast. The Old Inn, Widecombe-in-the-Moor TQ13 7TA, Tel. +44 (0)1364-62 12 07, www.oldinnwide combeinthemoor.co.uk. Mo-Sa 12-21, So 12-20 Uhr.*

bis zum Haytor nur noch etwa 400 m weit. In diesem Gebiet wurde bis 1919 Granit abgebaut und die Reste der Steinbrüche sowie das alte Gleisbett sind noch heute zu sehen. Haytor selbst ist nicht nur eines der beliebtesten Ausflugsziele im Dartmoor, sondern auch ein Kletterfelsen, an dem sich manchmal ganze Schulklassen abseilen. Doch auch ohne Ausrüstung kann man den Stein bezwingen, zumal es Stufen gibt, die schon in viktorianischer Zeit in den Stein gehauen wurden. Trotzdem ist Vorsicht geboten, vor allem wenn man mit jüngeren Kindern unterwegs ist. Die Aussicht aber ist wunderschön, sogar das Meer lässt sich an klaren Tagen erblicken – und die Moorlandschaft tut natürlich ein Übriges. Insgesamt befinden Sie sich hier auf einer Höhe von 457 m [Haytor Visitor Information Centre, B 3387, Tel. +44 (0)1364-66 15 20, www.dartmoornpa.gov.uk. Ostern-Sep 10-17, Okt 10-16, Nov-Feb Do-So 10.30-15.30, März Do-So 10-16 Uhr].

Haytor Rocks: Steinbruch, Kletterfelsen und Aussichtspunkt

Besuch im Moordorf

Folgen Sie der Straße 6 km weiter bis nach **Widecombe-in-the-Moor**. Das typische Moordorf erstreckt sich in weitem Umkreis, im Zentrum ragt die ungewöhnlich große **St.-Pancras-Kirche** hervor. Ihr Turm misst eine stolze Höhe von 37 m. Erbaut wurde die Moorkathedrale ab dem 14. Jahrhundert im spätgotischen Stil mit dem in der Umgebung vorkommenden Granit. Gleich daneben liegt das vom National Trust verwaltete **Church House**, das seit seiner Errichtung und bis heute nicht nur als eine Art Gemeindehaus dient, sondern auch als Brauhaus [Church House, Widecombe-in-the-Moor, Newton Abbot TQ13 7TA, Tel. +44 (0)1364-62 13 21, www.national trust.org.uk. Eintritt frei].

Die alte Clapper Bridge vervollständigt die Idylle im Moor

Postbridge (9 km von Widecombe, über die B 3387, dann rechts, Ausschilderung folgen bis zur B 3212, dort links 1,2 km bis zum Parkplatz) besitzt eine der schönsten noch bestehenden **Clapper Bridges**. Wie ihre Schwesternbrücken wurde sie im 13. Jahrhundert aus großen, flachen Steinplatten erbaut. Sie führt über den East Dart und diente dazu, das in den Minen gewonnene Zinn mit Packpferden zu den Schmelzöfen zu transportieren [National Park Information Centre, B 3212, Tel. +44 (0)1822-88 02 72. Ostern-Sep 10-17, Okt 10-16, Nov-März Do-So 10.30-15.30 Uhr].

Auf den Spuren von Sherlock Holmes

Gen Süden geht es 9 km auf der B 3212 weiter nach **Princetown**. Hier im **High Moorland Centre** erfahren Besucher alles rund ums Dartmoor: Welche Tiere leben, welche Pflanzen wachsen hier? Wie wurde Torf abgebaut und wo Zinn geschürft? Kinder lieben die lebensgroßen Figuren, darunter natürlich auch Sherlock Holmes. Als Sir Arthur Conan

Wandern im Moor

*Für Haytor, Postbridge und Princetown sind jeweils 10 km lange **Audiowandertouren** erhältlich. Sie lassen sich vorab kostenlos von der Homepage des Nationalparks auf den eigenen MP3-Player herunterladen, außerdem gibt es eine Karte und ein Transkript dazu – sodass man die Wanderungen auch ohne technische Ausstattung antreten kann (www.dartmoor-npa.gov.uk, unter Audio Walks). Es geht zu Steinkreisen, Toren und Wasserfällen. Ihr „Führer" sagt Ihnen rechtzeitig, wo es langgeht und wann Sie die nächste Information abspielen sollen.*

Doyle „Der Hund der Baskervilles"
schrieb, stieg er genau hier ab, denn das
heutige **Besucherzentrum** war einst das
Duchy Hotel [High Moorland Centre,
Tavistock Road, Princetown, Yelverton
PL20 6QF, Tel. +44 (0)1822-89 04 14,
www.dartmoor-npa.gov.uk. Ostern-Sep
10-17, März/Okt 10-16, Nov-Feb Do-So
10.30-15.30 Uhr. Eintritt frei].
Bekannt ist Princetown auch für sein
Gefängnis. Das **Dartmoor Prison** wurde
1806 erbaut, um die vielen Gefange-
nen aus den Napoleonischen Kriegen
(1792-1815) sowie aus dem Britisch-
Amerikanischen Krieg 1812 unterbringen
zu können. Das Land stellte der Prince of
Wales zur Verfügung und so wurde die
Stadt, die nah am Gefängnis entstand,
Princetown genannt. Das Gefängnis wird
nach wie vor als solches genutzt. Wenn
Sie der Tavistock Road folgen, können
Sie einen Blick auf den Eingang werfen.
Gegenüber vom Gefängnis lässt sich
im **Dartmoor Prison Museum** mehr
erfahren. Handschellen, Waffen und
Uniformen werden präsentiert und es ist
einiges zu lernen über berühmte Insas-
sen und das Gefängnis in heutiger Zeit
[Dartmoor Prison Museum, HMP Dartmoor, Princetown PL20 6RR, Tel. +44
(0)1822-32 21 30, www.dartmoor-prison.
co.uk. Tägl. 9.30-12.30 und 13.30-16, Mo-
Do, Sa bis 16.30 Uhr. Erw. £ 3,50, Kinder
£ 2,50, Familien £ 11].

Die Weiße Lady von Lydford

Auf der Tavistock Road sind Sie auch
schon richtig: Die B 3357 führt weiter
nach Westen. Kurz vor **Merrivale** befindet sich links ein Parkplatz, der zu mehreren frei zugänglichen prähistorischen
Steinreihen und Steinkreisen führt.

Dinner im Castle Inn – viel-leicht mit Übernachtung?

*Erbaut im 16. Jahrhundert
strahlt das **Castle Inn** überall
Historie aus. Das Essen hingegen ist frisch und lecker. Im
Garten lässt es sich im Sommer
auch draußen sitzen, Kinder
sind willkommen. Neben Sandwiches gibt es auch Würstchen
und Kartoffelbrei, Hühnerbrust,
Risotto, Fish Pie oder Rump-
steak. The Castle Inn, Lydford
EX20 4BH, Tel. +44 (0)1822-82
02 41, www.castleinndartmoor.
co.uk. Tägl. 12-21 Uhr. Bei
Bedarf können Sie im Castle
Inn auch ein Zimmer mieten
und Ihre Tour entweder am
nächsten Tag beenden oder
direkt mit Tour 10 fortfahren.*

Um nach **Lydford** zu gelangen, folgen
Sie der Straße weiter bis Moorshop
und dann rechts bis zur A 386. Von
Princetown bis Lydford sind es 22 km.
Das kleine Örtchen besitzt eine groß-
artige Schlucht, in die sich der **White-
Lady-Wasserfall** 30 m tief hinabstürzt.
Das Gelände wird vom National Trust
verwaltet [Lydford Gorge, bei Tavistock
EX20 4BH, Tel. +44 (0)1822-82 03 20,
www.nationaltrust.org.uk. März-Okt
10-17 Uhr. Erw. £ 6,90, Kinder £ 3,40,
Familien £ 17,20]. Die 2,4 km lange
Schlucht hat zwei Zugänge, der südliche
bei Manor Farm liegt näher am White-
Lady-Wasserfall. Nahe dem nördlichen
Zugang hingegen ergießt sich das Was-
ser brodelnd in den Teufelskessel, den

Devil's Cauldron. An beiden Eingängen gibt es Parkplätze, Toiletten und eine Teestube. Der Rundwanderweg ist insgesamt etwa 5 km lang.

In Lydford selbst sticht die Burgruine neben der St.-Petrock-Kirche als Wahrzeichen des Ortes hervor. Der Zutritt zu **Lydford Castle** ist frei, eine Audiotour kann vorab von der Website kostenlos auf den MP3-Player geladen werden. Der dickwandige Turm wurde 1195 erbaut und diente vor allem als Gefängnis [Lydford, Devon EX20 4, www.english-heritage.org.uk. Jederzeit zugänglich].

Die normannische Burg Okehamptons

Letzte Station ist **Okehampton**. Die Stadt liegt am nördlichen Rand des Dartmoors, 15 km entfernt von Lydford (A 386, B 3260). Die Burg, **Okehampton Castle**, heute eine Ruine mit hübschen Aussichten und einigen erkenn- und erkundbaren Räumen, war einst die größte in Devon und wurde von den Normannen erbaut. Vom 14. bis 16. Jahrhundert diente sie dem Earl von Devon als Residenz. Der letzte Bewohner, Henry Courteney, wurde von König Henry VIII. hingerichtet, danach verfiel die Burg [Castle Lane, Okehampton EX20 1JA, Tel. +44 (0)1837-528 44, www.english-heritage.org.uk. März-Sep tägl. 10-17, Juli/Aug bis 18 Uhr. Erw. £ 4, Kinder (5-15 J.) £ 2,40]. Sehenswert ist auch das **Museum of Dartmoor Life**, in dem immerhin schon Prince Charles zu Besuch war. Hier ist zu erfahren, wie einst Zinn geschürft, Apfelwein gekeltert und Wolle gewebt wurde. Kinder können eine Münze durchpausen, Erinnerungen aus dem Moor lauschen oder per Film einem Farmer in den 1960er-Jahren bei seiner Arbeit zuschauen [Museum of Dartmoor Life, 3 West Street, Okehampton EX20 1HQ, Tel. +44 (0)1837-522 95, www.museumofdartmoorlife.org.uk. Ostern-Okt Mo-Fr 10.15-16.15, Sa 10.15-13 Uhr. Erw. £ 2,50, Kinder £ 1, Familien £ 6]. Die **Touristinformation** ist im Museumshof. [Mo-Sa 10-17, Nebensaison Mo/Fr/Sa 10-16 Uhr]. Wenn Sie möchten, können Sie Ihre Fahrt mit Tour 10 fortsetzen: Von Okehampton gelangen Sie in etwa einer Stunde nach Tintagel (60 km, A 30 und A 395).

Wie ein weißer Schleier erstreckt sich die White Lady in der Landschaft

Tour 10: Cornwall von seiner schönsten Seite

Tintagel • Geevor Tin Mine • Land's End • Porthcurno • St. Michael's Mount

Wo: Cornwalls Atlantikküste – Wie: mit dem Auto – Dauer: Tagesausflug – Nicht vergessen: Badekleidung und warme Kleidung

Die Tour durch Cornwalls urwüchsige Landschaft beginnt dort, wo König Artus (vielleicht) einst lebte und führt dann nach Süden – zum westlichsten Punkt der gesamten britischen Insel mit dem passenden Namen Land's End. Bei einem Zwischenstopp kann gebadet oder eine alte Zinnmine besichtigt werden. In Porthcurno lassen sich ein einzigartiges Theater und ein Telegrafiemuseum bestaunen. Und wer dann noch Entdeckungslust verspürt, erkundet St. Michael's Mount.

Artus und Merlin

Der kleine Ort **Tintagel** [Tintagel Visitor Centre, Bossiney Road, Tintagel PL34 0AJ, Tel. +44 (0)1840-77 90 84, www. visitboscastleandtintagel.com. März-Okt 10-16 Uhr, A 39 von Norden und Süden, A 395 von Osten] an Cornwalls Westküste steht in enger Verbindung zur Artussage, seit Geoffrey von Monmouth ihn 1135 in seiner „Geschichte der Könige Britanniens" als Geburtsort von Artus nannte. Obwohl die heutige Ruine nachweislich erst von den Normannen im 13. Jahrhundert erbaut wurde, bleibt der

Kein Wunder, dass dieser Punkt für das Ende der Welt gehalten wurde (S. 82)

Wer war König Artus?

Der sagenhafte König Artus soll auf Burg Tintagel geboren worden sein. Der Zauberer Merlin zog ihn auf, ehe er mit 15 Jahren König wurde, nachdem nur er das Schwert Excalibur aus einem Felsen ziehen konnte. Artus kämpfte gegen die in Britannien einfallenden Angeln und Sachsen und versammelte an seinem Hof in Camelot tapfere Ritter an der Tafelrunde um sich. Vielleicht hat Artus tatsächlich um 500 n. Chr. gelebt und war ein britischer Heerführer.

Mythos bestehen – zumal ältere Fundstücke auch auf eine frühere Besiedlung hinweisen. Spektakulär thront **Tintagel Castle** auf einem vom Land fast abgetrennten Felsen hoch über dem Meer. Hier kann man sich den Wind um die Nase wehen lassen und sich vorstellen, wie Merlin den jungen Artus unterrichtete. Der Zauberer soll in einer Höhle am Wasser (Merlin's Cave) gehaust haben, zu der man gehen kann. Im Beach Café werden Cream Tea und Cornish Pasties serviert [Tintagel Castle, Castle Road, Tintagel PL34 0HE, Tel. +44 (0)1840-77 03 28, www.english-heritage.org.uk. April-Sep 10-18, Okt 10-17, Nov-März Sa/So 10-16 Uhr. Erw. £ 6,10, Kinder (5-15 J.) £ 3,70, Familien £ 15,90].

Sehenswert im Ort ist das **Old Post Office** aus dem 14. Jahrhundert. Darin lebte einst ein Freibauer, im 19. Jahrhundert zog die Post ein, heute steht es unter Denkmalschutz. Neben dem alten Gebäude und seinem Garten sind auch Gegenstände aus viktorianischer Zeit zu sehen. Für Kinder gibt es einen kostenlosen Erkundungsbogen [Tintagel Old Post Office, Fore Street, Tintagel PL34 0DB, Tel. +44 (0)1840-77 00 24, www.nationaltrust.org.uk. April-Sep 10.30-17.30, Okt-März 11-16 Uhr. Erw. £ 3,70, Kinder £ 1,80, Familien £ 9,20].

Entlang der Ostküste

Die Entfernung von Tintagel ist mit 110 km recht weit, doch bei Badewetter können Sie an einem der Strände bei **St. Ives** oder **Newquay** (siehe S. 28f) eine Pause einlegen. Oder wie wäre es mit Lunch in Jamie Olivers Restaurant (siehe Kasten S. 82)? Ebenfalls lohnend ist ein Stopp am Bergwerksmuseum bei Pendeen. Viele Tonnen Zinn wurden bis 1990 in der **Geevor Tin Mine** gefördert. Bei einer Tour ins Bergwerk kann man sich gut ein Bild davon machen. Wer beim Goldwaschen Metall findet, darf

In einer Höhle nicht weit von hier soll der Zauberer Merlin gewohnt haben

> ## Lunch bei Jamie
> *Eine Niederlassung von **Jamie Olivers Restaurant Fifteen** befindet sich an der Watergate Bay nördlich von Newquay. Zwischen 12 und 14.30 Uhr wird hier Lunch serviert – mit herrlichem Atlantikblick. Das Drei-Gänge-Menü kostet £ 28. Kinder dürfen aus dem Kids Lunch Menu wählen, z. B. Nudeln oder Fisch. Fifteen Cornwall, Watergate Bay TR8 4AA, Tel. +44 (0)1637-86 10 00, www.fifteencornwall.co.uk. Frühstück 8.30-10, Lunch 12-14.30, Dinner 18.15-21.15 Uhr. Reservierung empfohlen!*

es behalten [Geevor Tin Mine, Pendeen TR19 7EW, Tel. +44 (0)1736-78 86 62, www.geevor.com. März-Okt So-Fr 9-17, Nov-Feb 9-16 Uhr. Erw. £ 11, Kinder (ab 4 J.) £ 6,50, Familien (5 Pers.) £ 34,50].

Das Ende des Landes

Land's End – schon der Name klingt nach Fernweh. Von dem westlichsten Punkt Englands blickt man direkt Richtung Amerika. Zu sehen bekommt man bei klarer Sicht immerhin die Scilly-Inseln und den Longship-Leuchtturm. Dazwischen soll dem Mythos nach das Land Lyonesse versunken sein. Land's End ist seit den 1980er-Jahren in Privatbesitz und wurde zu einer Touristenattraktion ausgebaut. Dort lässt sich ein 4D-Film anschauen oder „Arthur's Quest" durchwandern, es gibt Restaurants, Läden und ein Hotel [Land's End,

Sennen TR19 7AA, Tel. +44 (0)871-720 00 44, www.landsend-landmark.co.uk. Ostern-Okt tägl. ab 10, Nov-Ostern ab 10.30, Saison bis 17 Uhr. Parken £ 5, 4D-Film Erw. £ 4, Kinder £ 3, „Arthur's Quest" Erw. £ 4, Kinder £ 3]. Kostenlos sind die Ausstellung über die Geschichte des Ortes (The End to End Story), die Erkundung des Seenotrettungskreuzers und natürlich die Aussicht, z. B. auf dem Weg zum nördlich gelegenen „First and Last House". Am Wegweiser lässt sich gegen Entgelt ein Foto machen, das den eigenen Heimatort anzeigt. Richtung Süden kommen Sie nach 350 m zur **Greeb Farm**, wo Schafe, Kaninchen und Mini-Ponys warten (Erw. £ 3, Kinder £ 2). Dienstags und donnerstags im August erhellt ein Feuerwerk den Abendhimmel über Land's End. Biegen Sie nun auf die B 3315 ab. Nach 3 km geht es bei Trethewey nach rechts Richtung St. Levan und Porthcurno. Hier befinden sich das Minack Theatre und der Strand Porthcurno Beach.

Porthcurno

Im **Minack Theatre** sitzen die Zuschauer auf in den Fels gehauenen Stufen – wie in einem römischen Amphitheater. Geschaffen hat das Ganze 1932 eine Frau namens Rowena Cade. Von Mai bis September finden Aufführungen statt, das Theater kann auch außerhalb der Spielzeiten besichtigt werden. Ebenfalls sehenswert sind die subtropischen Steingärten am Theater und eine Ausstellung zu Rowena Cades Geschichte. Mit Blick über die Bucht lässt sich im Coffee Shop ein Snack genießen [The Minack Theatre, Porthcurno TR19 6JU, Tel. +44 (0)1736-81 01 81, www.minack.com.

April-Sep tägl. 9.30-17 (außer bei Matinees oder Nachmittagsvorstellungen), Okt 10-16.30, Nov-März 10-15.30 Uhr. Erw. £ 4,50, Kinder (12-16 J.) £ 2,50, Aufführungen Erw. ab £ 9, Kinder (bis 16 J.) ab £ 5].

Wenige Meter entfernt befindet sich der große Parkplatz von **Porthcurno**, ein kleiner Ort mit wunderschönem Sandstrand. Vom Minack Theatre können Sie auch über den South West Coast Path (siehe S. 125) zu Fuß gehen. Im 19. Jahrhundert kamen hier im Atlantik verlegte Telegrafiekabel an, die England bis 1970 u. a. mit Spanien und Amerika verbanden. Im Ort gibt es auch das **Telegraph Museum** mit Tunneln aus dem Zweiten Weltkrieg. [Telegraph Museum, Eastern House, Old Cable Lane, TR19 6JX, Tel. +44 (0)1736-81 09 66, www.porthcurno. org.uk. April-Okt tägl., Nov-März nur Sa-Mo 10-17 Uhr. Erw. £ 8,50, Kinder (5-16 J.) £ 5, Familien £ 21,50]. Zum Sandstrand sind es wenige Meter. Auf dem Weg passieren Sie die „cable hut", ein Häuschen, in dem die Seekabel mit den Landkabeln verbunden wurden. Zur Einkehr laden das Beach Café und das Cable Station Inn ein. Fahren Sie weiter Richtung Penzance. Nach etwa 4 km biegen Sie rechts ab und bleiben auf der B 3315. Bald kommen Sie an dem Steinkreis der **Merry Maidens** vorbei. Der Legende nach wurden hier 19 Mädchen versteinert, nachdem sie die Sonntagsruhe mit ihrem Tanz gestört hatten.

Spaziergang über das Meer

Über Newlyn kommen Sie nach Penzance und bleiben auf der Küstenstraße

Das einzigartige Freilichttheater öffnet sich vor der Kulisse der offenen See

Essen in Mousehole

Von Newlyn lohnt der kurze Abstecher ins urige Fischerdorf Mousehole, ausgesprochen wie „Mausel". „Das entzückendste Dorf Englands", meinte Dichter Dylan Thomas, der hier seine Flitterwochen verbrachte. Im **Ship Inn** *speisen Sie direkt am Hafen. Für Kinder gibt es Hühnchen, Fisch oder Burger.*
The Ship Inn, South Cliff, Mousehole TR19 6QX, Tel. +44 (0)1736-73 12 34, www.shipinnmousehole.co.uk.

bis Marazion (14 km von den Merry Maidens). Dem kleinen Ort um genau 366 m vorgelagert liegt das Inselchen **St. Michael's Mount**. Diese Distanz kann bei Ebbe auf einem Damm zurückgelegt werden, bei Flut wird ein Boot benutzt (Erw. £ 2, Kinder £ 1). Im Jahr 495 soll der Erzengel Michael den Fischern dort erschienen sein. Im 11. Jahrhundert gründeten Benediktiner das Kloster. Seit dem 17. Jahrhundert gehört die Felseninsel der Familie St. Aubyn. Die von Lord St. Levan (einem Nachkommen der St. Aubyns) bewohnte Burg und die subtropischen Gärten können besichtigt werden. Für Verpflegung sorgen das Island Café und das Sail Loft Restaurant [St Michael's Mount, Marazion TR17 0HT, Tel. +44 (0)1736-71 05 07 und 71 02 65 (Gezeiteninformation), www.stmichaelsmount.co.uk. Burg So-Fr April-Okt 10.30-17, Juli/Aug bis 17.30 Uhr. Erw. £ 8, Kinder £ 4, Familien £ 20, Kombitickets mit Garten erhältlich].

Zu spät für die Rückfahrt? Dann kehren Sie doch in Falmouth (siehe S. 27) ein. Über die A 394 sind es 40 km. Mit Blick aufs Meer übernachten Sie im **B & B Chelsea House** [2 Emslie Road, Falmouth TR11 4BG, Tel. +44 (0)1326-21 22 30, www.chelseahousehotel.com. Zimmer/Nacht mit Frühstück £ 60-100, Kinder (7-17 J.) £ 18]. Der Garden Room kostet für vier Personen £ 100 ohne Frühstück und besitzt eine Kitchenette. Mehr Komfort zu entsprechendem Preis gibt es im **Royal Duchy Hotel** [Cliff Road, Falmouth TR11 4NX, Tel. +44 (0)1326-31 30 42, www.royalduchy.co.uk. Doppelzimmer/Nacht ab £ 140, Kinder (4-8 J.) £ 10, (8-15 J.) £ 30].

Lizard Point und Leuchtturm

Nicht nur der westlichste, auch der südlichste Punkt der britischen Insel liegt in Cornwall. Lizard Point gehört zur gleichnamigen Halbinsel **The Lizard**. *Von Penzance bzw. St. Michael's Mount führen die A 394 und A 3083 dorthin (40 km). Vom Parkplatz am Lizard Point aus lässt sich auch der östlich am Youth Hostel gelegene* **Leuchtturm** *von 1752 besichtigen (www.lizardlighthouse.co.uk. April-Okt So-Do 11-17 Uhr, Winter eingeschränkte Zeiten. Erw. £ 7, Kinder (bis 16 J.) £ 4). Kinder können hier das Morsen lernen, ein Nebelhorn bedienen oder Schiffe ausfindig machen u. v. m.*

DIE TOLLSTEN ATTRAKTIONEN FÜR KINDER

Legoland Windsor

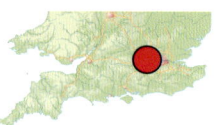

Windsor liegt westlich von London und ist bekannt für sein Schloss. Bedeutend mehr Anziehungskraft für Kinder hat natürlich das nahe Legoland. Seit der Eröffnung 1996 wurde der Park jedes Jahr um neue Attraktionen erweitert. Aus den bunten Bausteinen wurden im Miniland berühmte Bauwerke nachgebaut, darunter das London Eye (siehe S. 36) und die Tower Bridge (siehe S. 38). Ein besonderer Clou sind die durch das Miniland fahrenden Autos, Busse und Trucks. Einen Überblick verschaffen Sie sich mit dem Hill Train. Mehr als 50 Fahrgeschäfte laden zu rasanten oder auch gemütlichen Touren ein. Sie können im Königreich der Pharaonen wandeln oder im Piratenschiff Jolly Rocker Ihre Seetüchtigkeit testen. Kleinere Besucher lieben es, mit dem Zug durchs

Königliche Residenz

Windsor Castle wurde 1078 von Wilhelm dem Eroberer erbaut. Heute ist das Schloss eine der offiziellen Residenzen der Queen. Ist die Königin da, dann weht die königliche Fahne über dem Turm und die Gemächer sind von der Besichtigung ausgeschlossen. Kinder lieben das Doll's House, ein riesige Puppenhaus. Windsor Castle, Windsor SL4 1NJ, Tel. +44 (0)20-77 66 73 04, www.ro yalcollection.org.uk. März-Okt tägl. 9.45-17.15, Nov-Feb 9.45-16.15 Uhr. Erw. £ 18,50/ohne Staatsgemächer £ 10, Kinder (5-16 J.) £ 11/£ 6,50, Familien £ 48/£ 26,50. Mit Audioguide auf Deutsch.

Duploland zu fahren oder über den Märchenbach zu gleiten. Neu seit 2014 ist das Seeräuberland „Pirate Shores".

Legoland Windsor, Winkfield Road, Windsor SL4 4AY, Tel. +44 (0)871-222 20 01, www.legoland.co.uk. April-Okt Kernzeit 10-17, Aug tägl. 10-19 Uhr, Nebensaison teils Di/Mi geschl. Erw. £ 48, Kinder (ab 3 J.) £ 43,80, Online-Ermäßigung.
Anfahrt: *Zug von London-Waterloo (ca. 1 Std.) oder Paddington (ca. 35 Min.). Auto: M 4 Ausfahrt 6 oder M 3 Ausfahrt 3.*

Im Legoland Windsor dreht sich alles um die kleinen bunten Bausteine

Thorpe Park

Spektakuläre Achterbahnen sind das Markenzeichen des Thorpe Park. Im Colossus warten gleich zehn Überschläge auf die mutigen Mitfahrer, im Stealth kann auf dem 63 m hohen Hügel sogar kurzzeitig Schwerelosigkeit getestet werden. Auch viele der anderen Fahrgeschäfte erfordern gute Nerven, etwa der SAW-Ride, Vortex oder Slammer. Eine Mindestgröße von 1,40 m ist häufig erforderlich. Für jüngere Kinder sind weniger Attraktionen vorhanden, sodass der Besuch des Thorpe Park eher für Familien mit Kindern über 12 Jahren zu empfehlen ist – die werden mit Sicherheit begeistert sein. In Vorbereitung auf Halloween kommen im Oktober alle, die sich gern gruseln, bei den Fright Nights auf ihre Kosten.

Thorpe Park, Staines Road, Chertsey KT16 8PN, www.thorpepark.com. Mitte März-Anfang Nov Kernzeit tägl. 10-17, Sommerferien 10-19/20, Okt häufig 10-22 Uhr. Erw. £ 49,99, Kinder (ab 1 m Größe bis 11 J.) £ 40, Fast-Track-Ticket ab £ 8, Online-Ermäßigung, Parkplatz £ 5.
Anfahrt: *Thorpe Park liegt 40 km südwestlich von London. M 25, Ausfahrt 13, über A 30, A 308, A 320 (Richtung Chertsey). Zug von London-Waterloo nach Staines (ca. 35 Min.), Shuttlebus (Linie 950) vom Bahnhof zum Park alle 15-20 Min., Rückfahrticket Erw. £ 3,70, Kinder (5-11 J.) £ 2,70.*

Hui! Spektakulär schüttelt der Colossus seine Passagiere durch

New Forest

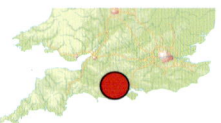

Schon Wilhelm der Eroberer wusste den New Forest zu schätzen und bestimmte das knapp 300 qm große Gebiet zwischen Bournemouth und Southampton zum königlichen Jagdrevier. Inzwischen wurde es größtenteils zum Nationalpark ernannt. Für Familien ist die Landschaft mit Laubwald, Heide und frei lebenden Ponys und Rindern ein besonderer Anziehungspunkt. Fährt man mit dem Auto, ist besondere Vorsicht geboten, denn es kann durchaus ein Pony bedächtig die Straße überqueren oder eine Kuh wiederkäuend auf derselben liegen. Die New-Forest-Ponys sind sogar eine eigene Rasse.
In Lyndhurst mitten im New Forest und in Lymington im Süden helfen zwei Besucherzentren mit vielfältigen Infor-

> ### The Marine
> *Südlich vom New Forest liegt Milford-on-Sea. Vom Frühstück über Lunch bis zum Cream Tea speisen Familien im **Marine** mit einem schönen Panoramablick aufs Meer und die Needles der Isle of Wight (siehe Kasten S. 63). Kinder wählen zwischen 4 Gerichten à £ 4,95. Zum Nachtisch einen Toffeepudding oder einen Brownie? The Marine, Hurst Road, Milford-on-Sea SO41 0PY, Tel. +44 (0)1590-64 43 69, www.themarinemos. co.uk. Café und Bar Mo-So 9-21 Uhr.*

mationen rund um das Gebiet weiter. Durch den New Forest bringt Sie auf drei Routen auch ein offener **Doppeldecker** [www.thenewforesttour.info. Abfahrt z. B. von Lyndhurst Ende Jun-Mitte Sep stündl. 10-18 Uhr. Erw. £ 14, Kinder £ 7, Familien (5 Pers.) £ 34]. In Beaulieu lassen sich zudem im **National Motor Museum** viele tolle Oldtimer bewundern, [www.nationalmotormuseum.org.uk. Tägl. Jun-Sep 10-18, Okt-Mai 10-17 Uhr. Erw. £ 21, Kinder (5-12 J.) £ 10,50, (13-17 J.) £ 12,50, Familien (5 Pers.) £ 55].

New Forest, Lyndhurst Visitor Information Centre, Main Car Park, Lyndhurst SO43 7NY, Tel. +44 (0)2380-28 22 69. Tägl. 10-17 Uhr.
Lymington Visitor Information Centre, New Street, Lymington SO41 9BH, Tel. +44 (0)1590-67 69 69. Mo-Sa 10-16 Uhr.

Mit dem offenen Doppeldecker kommt man bequem durch den „Wald"

Chessington World of Adventures

Die Abenteuerwelt von Chessington vereint Elemente eines Freizeitparks mit denen eines Zoos. Auch ein Sea Life Aquarium gehört dazu. Die Anlage ist vor allem für Familien mit Kindern bis 12 Jahre interessant. Der Park ist in neun Themenbereiche unterteilt wie Wildes Asien, die Piratenbucht oder das Drachenland. Hier finden sich auch passende Fahrgeschäfte, z. B. die Kobra, der Seesturm oder die Achterbahn Dragon's Fury. Für viel Spaß sorgen auch der Scorpion Express und der Hochseilgarten Amazu, der direkt zu den Affen führt. In einem Off-Road Truck geht es mit Zufari direkt in den Zoo. Im Dorf Wanyama sind unter ande-

Ich hab dich sooo gern: In Chessington könnten Kinder ewig bleiben

rem Zebras und Säbelantilopen zu bewundern. Auf dem Königspfad (Trail of the Kings) lassen sich auch Binturongs (Marderbären) und Fossas (Raubkatzen aus Madagaskar) ansehen. Beliebt sind auch der Streichelzoo und die Vorführungen, z. B bei den Pinguinen. Im Sea Life leben Rochen und der Schaufelnasen-Hammerhai. Mehrere Restaurants, Imbisse und Cafés sorgen für Verpflegung.

Chessington World of Adventures, Leatherhead Road, Greater London KT9 2NE, www.chessington.com. Ende März-Okt tägl. 10-17, Aug 10-18 Uhr. Erw. £ 45, Kinder (ab 1 m Größe bis 11 J.) £ 41, Familien p.P. £ 34, Online-Ermäßigung. Zoo-Tage (ohne Fahrgeschäfte): Nov-März Sa/So/Ferien 10-15 Uhr. Erw. £ 15, Kinder £ 12, Familien p.P. £ 12. Parkplatz £ 2.
Anfahrt: *25 km südwestlich von London (A 3 Richtung Hook, weiter über A 243). Von Nord und Süd über M 25, Ausfahrt 9 oder 10.*

Zwischen den Baumkronen

In den Botanischen Gärten im Londoner Stadtteil Kew lässt sich unter anderem der 18 m hohe Baumkronenpfad erobern. Kinder lieben auch den Dachsbau, den Spielplatz Treehouse Towers oder die Climbers und Creekers, wo sie wie Insekten durch riesige Pflanzen klettern.
Kew Botanical Gardens*, Kew, Richmond TW9 3AB, www.kew. org, Tel. +44 (0)20-83 32 56 55. April-Aug 9.30-18.30, Sep/Okt 9.30-18, Nov-Jan 9.30-16.15, Feb/März 9.30-17.30 Uhr. Erw. £ 15, Kinder (bis 17 J.) frei.*

Splashdown

Im Waterpark Splashdown steht Rutschen im Vordergrund. Und das in allen Varianten. Da gibt es die 68 m lange Reifenrutsche Mississippi Drifter, den 91 m langen Red River oder den Colorado Coaster (77 m). Im Space Bowl geht es kreisförmig bergab. Auf der 98 m langen Louisiana Leap warten achtförmige Schleifen auf nervenstarke Wasserratten. Kurz, aber extrem steil ist die „Rache des Barons" (Baron's Revenge). Einige Wasserrutschen sind

Rasant stürzen auch die Kleinen Splashdowns Rutschen hinunter

im Außenbereich, weitere drinnen zu finden. Alle Rutschen erfordern eine Mindestgröße von 1 m und Kinder unter 9 Jahren müssen von einem Erwachsenen begleitet werden. Im Sommer sind draußen auch ein kleiner Spielplatz und die Sonnenterrasse geöffnet. Drinnen gibt es außerdem ein Kinderbecken und ein Spielbecken, die Buccaneer Splash Zone mit Piratenschiff, Wasserkanonen und einem Turm mit kleiner Rutsche.

Splashdown, Tower Park, Poole BH12 4NY, Tel. +44 (0)1202-71 61 23, www. splashdownwaterparks.co.uk. April-Sep tägl., im Winter teils geschl., Aug Mo-Fr 9-21, Sa/So 10-19 Uhr. Erw. und Kinder (ab 6 J.) 2 Std. £ 10,50, (bis 5 J.) £ 5,50, Familien (4 Pers.) £ 40, Zuschauer £ 4.
Anfahrt: *Von Osten A 31 und A 348, von Westen A 35, den Schildern zum Tower Park Leisure Complex folgen.*

Banoffee oder Hokey Pokey?

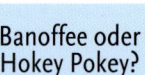

*In ganz Cornwall wird das leckere **Eis von Roskilly's** verkauft. Über 40 Sorten sind im Angebot, darunter neben Klassikern wie Vanille und Erdbeer auch Ausgefallenes wie Chocolate Brownie & Marshmallow, Banoffee oder Hokey Pokey ... Einfach mal probieren! Auch die Milchfarm selbst kann besichtigt werden. Dort gibt es neben einem Restaurant natürlich auch eine Eisdiele. Zwischen 16.30 und 17.30 Uhr kann beim Melken zugesehen werden. Tregellast Barton, Helston TR 12 6NX, St. Keverne, Tel. +44 (0)1326-28 04 79, www.roskillys.co.uk.*

Eden Project

Schon James Bond war hier. Die Gewächshäuser des Eden Project dienten nämlich als Kulisse in dem Film „Stirb an einem anderen Tag" von 2002. Wahrlich sehen sie sehr futuristisch aus, und die Anlage als botanischen Garten zu beschreiben, wird dem Eden Project nicht wirklich gerecht. Die beiden Gewächshäuser sind die größten der Welt und bestehen jeweils aus vier Kuppeln, die über einer ehemaligen Kaolingrube errichtet wurden. Die Kuppeln wurden aus fünf- und sechseckigen luftgefüllten Plastikzellen gebaut, die von einem Stahlrahmen gehalten werden. In einem der beiden Gewächshäuser befindet sich der größte überdachte Regenwald. Hier wachsen Bananen und Kakao, stürzt sich ein Wasserfall nieder und überraschen Pflanzen wie der Titanwurz. Wunderbare Aussichten von oben bietet der Baumkronenweg (Canopy Walkway). Das zweite Gewächshaus beherbergt eine mediterrane Pflanzenwelt, wie sie nicht nur am Mittelmeer, sondern auch in Kalifornien oder Südafrika zu finden ist. Hier wachsen Korkbäume und Zuckerbüsche, Zitronen und Oliven. Im Außenbereich lässt sich nicht nur das wilde Cornwall entdecken, sondern auch eine Riesenbiene, der Roboter Weee Man, ein Sinnesgarten und verschiedene Spielzonen für Kinder. Im Core, dem „Kern", lädt das Café zu einer Pause mit Blick auf die Kuppeln ein, ein Film zeigt die Entstehung des

Verlorene Gärten

*Der Archäologe Tim Smit schuf nicht nur das Eden Project, sondern auch die **Lost Gardens of Heligan** 10 km südlich. Der Dschungel, das „Verlorene Tal" und die riesige Erdskulptur der schlafenden Nixe üben einen Zauber auf große und kleine Besucher aus. Pentewan, St. Austell PL26 6EN, Tel. +44 (0)1726-84 51 00, www.heligan. com. April-Sep tägl. 10-18, Okt-März 10-17 Uhr. Erw. £ 12, Kinder (5-16 J.) £ 6, Familien (5 Pers.) £ 30.*

Eden Projects und viele interaktive Displays fordern zum Ausprobieren auf.

Eden Project, Bodelva, St. Austell PL24 2SG, www.edenproject.com. April-Okt tägl. 9.30-18, Nov-März 9.30-16.30 Uhr. Erw. £ 23,50, Kinder (5-16 J.) £ 13,50, Familien £ 68, Online-Ermäßigung.
***Anfahrt:** A 30 von Exeter, A 38 und A 390 von Plymouth.*

Futuristisch ragen die Kuppeln mitten im wilden Cornwall empor

Go Ape:
wie ein Affe in den Bäumen

„Go Ape" betreibt mehrere Hochseilgärten in Großbritannien.

Drei der Kletterparks liegen westlich von London, zwei in Kent und drei weitere im Südwesten Englands.

Im Kletterwald des Haldon Forest bei Exeter warten 39 Stationen auf alle, die mal in die Luft gehen wollen. Das Mindestalter beträgt 10 Jahre (mindestens 1,40 m) und Kinder bis 18 Jahre müssen von einem mitkletternden Erwachsenen begleitet werden. Nach Anlegen des Klettergurtes und einer Sicherheitseinweisung kann es auch schon losgehen. Über Reifen, Netze und wacklige Balken suchen sich die „Affen" ihren Weg. Zwei

Seilrutschen, eine davon 230 m lang, bieten besonderen Spaß.

Im Haldon Forest kann man nicht nur klettern, sondern auch Rad fahren (Fahrradverleih am Parkplatz) und verschiedenen Entdeckerpfaden folgen, darunter speziell für Kinder der „Discovery Trail", der am **Ridge Café** beginnt.

Go Ape Haldon Forest, Bullers Hill, Kennford, Exeter EX6 7XR, Tel. +44 (0) 845-643 92 15, www.goape.co.uk. April-Okt, Ferien tägl., sonst teils Di/ Mi geschl. Erw. £ 30, Kinder (10-17 J.) £ 24. Keine festen Öffnungszeiten, Voranmeldung empfohlen.
Anfahrt: *A 38 von Exeter Richtung Südwesten.*

The Ridge Café
*Am Parkplatz des Haldon Forest bietet das **Ridge Café** einen hübschen Platz zum Ausruhen und Essen. Gleich nebenan wartet ein Spielplatz auf nimmermüde Eroberer. Auf der Kinderkarte stehen der „Grüffelo Esskorb", Spaghetti und Pizza (£ 3,50). The Ridge Café, Haldon Forest Park, Kennford, Exeter EX6 7XR, Tel. +44 (0)1392-83 25 31, www. forestry.gov.uk. April-Okt Mo-Fr 10-17, Nov-März Mo-Fr 10-16, ganzjährig Sa/So 9-17.30 Uhr.*

Bei „Go Ape" kommen auch kleine Kletterer ganz hoch hinaus

Hop Farm Family Park

Einst wurde auf der Hop Farm Hopfen angebaut. In den Oast Houses wurde er traditionell getrocknet, indem ein Ofen Hitze erzeugte, die über den ausgebreiteten Hopfen oben in einer Art Haube wieder entweichen konnte. Aus der ehemaligen Hopfenfarm wurde ein wahres Kinderparadies.

Da gibt es die Hopper's Animal World mit Vorführungen der Eulen, Reptilien, Greifvögel und Shire-Pferde. Diese wurden einst als Kutschpferde gezüchtet und vor die Bierwagen gespannt. In der Magischen Burg warten so manche Zaubereien und ein Spiegellabyrinth auf ihre

Die Oast Houses sind nur im Südosten Englands anzutreffen

Entdeckung, ehe die Riesenhüpfkissen und die Spielplätze drinnen und draußen erobert werden. In der Kinderfahrschule können Ihre Kleinen auch mal den Linksverkehr proben! Fahrgeschäfte wie die Bumper Boats und Karussells sowie Bungeetrampoline gehören ebenfalls zu den Attraktionen für die jungen Besucher. Im 4D-Kino geht die ganze Familie noch mit dem Piratenkapitän Scabb auf die Reise, bevor sich alle im Shires Inn stärken.

In der roten Scheune finden an den Wochenenden und in den Ferien regelmäßig Shows statt. Kinder bis etwa 10 Jahre finden hier unzählige Beschäftigungsmöglichkeiten.

The Hop Farm, Maidstone Road, Paddock Wood TN12 6PY, Tel. +44 (0)1622-87 20 68, www.thehopfarm. co.uk. Tägl. 10-17 Uhr, 4D-Kino, Fahrschule und Kinder-Fahrgeschäfte nur Sa/So Ferien. Eintritt frei, einzelne Attraktionen £ 1 bis 3.
***Anfahrt:** M 20, Ausfahrt 4, A 228.*

Leben in Kent

*Wer sich für das historische Leben in Kent interessiert, kann dem **Freilichtmuseum Kent Life** einen Besuch abstatten. Kinder dürfen Lämmer füttern (April/Mai), Esel reiten oder auf dem Trecker mitfahren. Zur Freude der kleinen Gäste gibt es außerdem eine Hüpfburg, Quads und ein paar Spielplätze. Kent Life, Lock Lane, Sandling, Maidstone ME14 3AU, Tel. +44 (0)1622-76 39 36, www.kentlife. org.uk. April-Okt Mo-Fr 10-17, Sa/So/Ferien 10-18, Nov-März 10-16 Uhr. Erw. £ 9,25, Kinder (3-15 J.) £ 7,25.*

Monkey World

Die Monkey World (35 km westlich von Bournemouth) ist eine Rettungsstation für Affen. Die Schimpansen, Orang-Utans und Gibbons, die hier leben, wurden aus unterschiedlichsten Gründen gerettet. Einige wurden bei illegalem Tierhandel entdeckt, andere stammen aus einem Zirkus oder wurden von Privatleuten unter unwürdigen Umständen gehalten. Auf dem 26 ha großen Gelände der Monkey World werden sie nun artgerecht gehalten. Weitere Bewohner sind Lemuren, Makaken, Wollaffen und Totenkopfaffen, die im Englischen auf den freundlicheren Namen „Squirrel Monkey", also Eichhörnchenaffen, hören. Seit 2008 leben auch 88 Kapuzineräffchen hier. Sie wurden aus einem Labor in Chile gerettet.

Wolliger Affe

Wollaffen stammen aus Südamerika, wo sie im Regenwald des Amazonasgebietes leben. Benannt sind sie nach ihrem wolligen Fell. Auffällig ist ihr langer Klammerschwanz, mit dem sie sich gut festhalten können. Das müssen sie auch, denn sie leben hoch oben in den Bäumen. Sie können sich sogar mit dem Schwanz festkrallen und dann mit beiden Armen nach Futter suchen. Alle vier Arten sind in ihrem Bestand gefährdet. In der Monkey World nimmt man mit den Wollaffen am Europäischen Zuchterhaltungsprogramm EEP teil.

Allein das Beobachten der mit ganz unterschiedlichem Temperament ausgestatteten Affen macht viel Spaß. Zwischen 12.30 und 15 Uhr finden außerdem halbstündlich Vorträge an verschiedenen Gehegen statt. Ihre Kinder werden die Great Ape Play Area lieben, in der sie selbst wie Affen klettern und schwingen dürfen!

Monkey World Ape Rescue Centre, Longthorns, Wareham BH20 6HH, Tel. +44 (0)1929-46 25 37, www.monkeyworld.org. Tägl. 10-17, Juli/Aug 10-18 Uhr. Erw. £ 11,25, Kinder (3-15 J.) £ 8, Familien (4 Pers.) £ 35.
Anfahrt: *A 35 Dorchester–Bournemouth, bei Lower Woodbury Richtung Wareham fahren.*

In der Monkey World finden die geretteten Affen ein neues Zuhause

At-Bristol

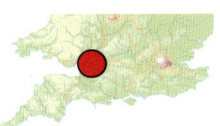

300 interaktive Experimentierstationen warten im At-Bristol auf experimentierfreudige Kinder – und deren Eltern! Denn auch die Großen haben Spaß dabei, ein eigenes Flugobjekt zu erschaffen, an der Archimedischen Schraube zu drehen oder den schrägen Raum zu erkunden. Wer schon immer seine Qualitäten als TV-Star ausprobieren wollte, kann sich filmen lassen. Oder lieber selbst einen Trickfilm animieren? Ganz nebenbei werden spielerisch naturwissenschaftliche Grundgesetze aus unserer alltäglichen Erfahrungswelt erklärt. Erkenntnisse über den eigenen Körper vermittelt die Ausstellung All About Us. Hier kann man Musik mit den eigenen Knochen hören, die eigenen Adern mit Infrarot-

Bei At-Bristol werden Kinder selbst zu Filmemachern

licht betrachten und sogar seinen Schatten einfrieren. Bei „Build it!" dürfen sich Kinder unter 8 als Handwerker austoben und ein ganzes Haus bauen – Fenster nicht vergessen! Rund ums Essen dreht sich hingegen alles bei „Food!" Ganz schön ins Staunen kommt man auch bei den regelmäßigen Livevorführungen. Auf dem Gelände an der ehemaligen Canon Wharf befindet sich auch ein Planetarium. In der silbernen Stahlkugel wird unter dem Titel Little Stars täglich auch eine Vorstellung für Kinder unter 5 Jahren gezeigt (£ 1). Für Familien mit älteren Kindern läuft stündlich die Seasonal Night Sky Show (£ 1,50). Im Café sind Kindermenüs erhältlich und zur Ausstattung gehören Hochstühle und Flaschenwärmer genauso wie eine Spielecke. Mit Blick auf den Millennium Square und den Floating Harbour fühlen sich hier auch Eltern wohl.

Essen im Wohnzimmer

The Living Room ist eine englische Restaurantkette, deren Bristol-Ableger ganz in der Nähe des Science Centre zu finden ist. Kinder erhalten zwei Gänge für £ 4,50, drei Gänge für £ 6. Sonntags von 12 bis 18 Uhr wird das traditionelle Sunday Roast angeboten. Canon's Way, Bristol BS1 5LF, Tel. +44 (0)117-925 39 93, www.thelivingroom.co.uk. Mo-Sa ab 11, So ab 12 Uhr.

At-Bristol, Anchor Road, Harbourside, Bristol BS1 5DB, Tel. +44 (0)845-345 12 35, www.at-bristol.org.uk. Mo-Fr 10-17, Sa/So/Ferien 10-18 Uhr. Erw. £ 12,05, Kinder (3-15 J.) £ 7,70, Familien (4 Pers.) £ 34,15.

Yesterday's World

Vom 18. Jahrhundert bis in die 1970er-Jahre führt die Zeitreise in Yesterday's World – die Welt von gestern. Straßenszenen und Läden bringen Besucher direkt in das viktorianische Zeitalter, selbst Geräusche und Gerüche lassen die Vergangenheit aufleben. Eine High Street verwandelt sich von 1950 bis 1970, und wie man im Zweiten Weltkrieg lebte, bleibt ebenfalls nicht ausgespart. Vielleicht eine Pause in Nippys Teestube, ehe es zur Audienz bei Queen Victoria geht?

Die Ausstellung mit persönlichen Gegenständen aus königlichem Besitz zeigt die Liebe der Engländer zu ihrer Monarchie. Viele interaktive Displays fordern zum selbstständigen Erkunden auf. Ein Einkauf in Mrs. Bumbles Süßigkeitenladen von anno dazumal macht allen Naschkatzen Spaß – zumal

Battle

Battle – zu Deutsch Schlacht – ist benannt nach dem Kampf, der meist als Battle of Hastings bezeichnet wird, tatsächlich aber hier, 10 km nördlich, stattfand. Wilhelm der Eroberer besiegte 1066 die Sachsen und ließ zur Erinnerung eine Abtei erbauen. Im **Besucherzentrum** *gibt es interaktive Stationen für Kinder. High Street, Battle TN33 0AD, Tel. +44 (0)1424-77 57 05. April-Sep tägl. 10-18, Okt 10-17, Nov-Feb nur Sa/So 10-16 Uhr. Erw. £ 8, Kinder £ 4,80, Familien £ 20,80. Infos: www.english-heritage.org.uk.*

manch englische „sweets" ganz anders sind als das, was deutsche Zungen kennen. Der große Garten, der ebenfalls zu Yesterday's World gehört, erfreut nicht nur die Großen mit seiner wunderschönen Aussicht auf die Landschaft, sondern auch die Kids, denn ein historisches Spieldorf und ein Spielplatz sorgen bei ihnen für großes Vergnügen.

Yesterday's World, 89-90 High Street, Battle TN33 0AQ, Tel. +44 (0)1424-77 72 26, www.yesterdaysworld.co.uk. Tägl. 10.30-17 Uhr. Erw. £ 7,95, Kinder (ab 4 J.) £ 5,75, Familien (4 Pers.) £ 23,50. **Anfahrt:** *von Norden A 21, von Westen A 27 und A 271*

Von einem Jahrzehnt ins nächste: Zeitreise in Yesterday's World

Skurriler Wettlauf: Schafe traben mit ihren Plüschreitern über Bidefords Wiesen

The Big Sheep

Sie waren Schafen bisher nicht sonderlich zugetan? Dann wird sich das höchstwahrscheinlich nach einem Besuch bei The Big Sheep bei Bideford ändern! Die freundlichen Wolllieferanten stehen im Mittelpunkt mehrerer Shows. So lassen sie sich bereitwillig von einem Hütehund zusammentreiben oder bei der Schur beobachten. Beim Schafrennen reiten gar Plüschschafe ihre lebendigen Kameraden. Täglich zweimal werden die Lämmchen mit der Flasche gefüttert – und Ihre Kinder dürfen dabei helfen. Alle Shows finden zwischen

Westward Ho!
Westward Ho! schreibt sich tatsächlich mit Ausrufezeichen. Der Ort wurde bei seiner Gründung nach dem gleichnamigen Roman des englischen Schriftstellers Charles Kingsley von 1855 benannt. Es war der Ausruf von Auswanderern, die westwärts Richtung Neue Welt aufbrachen. An der Bideford-Bucht gelegen gibt es in Westward Ho! einen langen Sandstrand und gute Surfbedingungen.

Wenn im Frühling die Lämmer da sind, packen die Kleinen auch mit an

Familien mit Kindern bis 10 Jahre werden Mühe haben den Nachwuchs wieder von hier wegzulocken …

The Big Sheep, Abbotsham, Bideford EX39 5AP, Tel. +44 (0)1237-47 23 66, www.thebigsheep.co.uk. April-Okt tägl. 10-18, Nov-März Sa/So 10-17 Uhr. April-Okt inkl. aller Shows £ 12,95 pro Person, Gruppen (ab 4 Pers.) £ 12,45 pro Person, Kinder unter 3 feet (91,4 cm) £ 6, Babys (bis 12 Mon.) frei, Nov-März (weniger Shows) pro Person £ 7,50.
Anfahrt: *A 39, 3 km westlich von Bideford.*

April und Oktober täglich statt. Doch damit ist noch lange nicht genug. In der großen Scheune kommen zwischen Dezember und April die kleinen Schäfchen zur Welt. Weitere Tierbabys dürfen den ganzen Sommer über gestreichelt werden: Ferkel, Kätzchen, Zwergziegen und viele mehr. Ganzjährig geöffnet ist der Indoorspielplatz Ewetopia. Hier darf nach Herzenslust geklettert, gespielt und gerutscht werden. Für Kleinkinder ist ein eigener Bereich vorhanden, in dem die Youngster ungestört spielen können. Riesenhüpfkissen laden draußen zum ausgiebigen Springen ein, Ponys warten auf kleine Reiter und das Karussell auf alle, die sich gern im Kreis drehen. Eine Runde auf dem Minitraktor oder bei der Farm Safari vom echten Trecker gezogen werden? Sie haben die Qual der Wahl! Ein Restaurant und der Sheepy Shop komplettieren das Angebot.

Die ultimative Höhe
*Der Hochseilgarten **High Rope Centre North Devon** gegenüber von The Big Sheep ist genau das Richtige für alle, die einmal Höhenluft schnuppern wollen. Zwei Parcours führen in 11 m Höhe über 28 Stationen mit wackligen Balken und schwingenden Reifen, und am Ende winkt eine 80 m lange Abfahrt per Seilrutsche. Kinder ab 8 Jahren dürfen mitklettern, die Sicherung erfolgt über ein Schienensystem, dadurch ist kein Umhängen nötig. Kinder ab 5 Jahren können den Niedrigseilgarten und die Kletterwand (je £ 5) nutzen. Abbotsham Road, Bideford, EX39 5AP, Tel. +44 (0)7779-63 97 93, www.theultimatehigh. com. April-Okt tägl. 11-17 Uhr. Eintrittspreis p.P. £ 15.*

Drusillas Park

13 km nordwestlich von Eastbourne liegt Drusillas Park. Der kleine Zoo ist auf Familien mit Kindern bis 10 Jahre ausgerichtet. Zu den Bewohnern gehören Humboldtpinguine, Stachelschweine, Servale, Otter, Mangusten und Totenkopfäffchen (siehe Foto S. 85). Im Lemurland warten hautnahe Begegnungen mit Kattas. Auf dem riesigen Spielplatz toben sich die unter 6-Jährigen bei „Go Bananas" aus, die Älteren rutschen und klettern in „Go Wild". Bei weniger freundlichem Wetter kann die Bewegungsfreude im Indoorspielplatz Amazon Adventure befreit werden. Wie wäre es mit einer Zoo-Olympiade gegen

Eastbourne

*Eastbourne ist ein hübsches Seebad mit langer Promenade und Pier. Den Strand entlang fährt ein Zug, der **Dotto Train**. Direkt an der Promenade liegt auch **Treasure Island**, ein In- und Outdoorspielplatz inklusive Piratengolf. Von Drusillas Park kommend lässt sich an der Straße zwischen Cuckmere Valley und Wilmington außerdem der „Lange Mann" bewundern, ein 70 m hohes Bild eines Mannes, das vermutlich schon in der Eisenzeit in den Boden geritzt wurde.*

die tierischen Bewohner? Kinder können sich mit Vierbeinern messen und ihre Rekorde in ein Heft eintragen, das sie am Eingang erhalten: Wer hängt länger an der Stange, wer springt weiter, wer rennt schneller? Bei einer Fahrt mit dem Thomas-&-Friends-Zug – auch in Deutschland aus dem Fernsehen bekannt – geht es sogar mitten durch die Lama-Wiese. Spannend wird es im interaktiven Labyrinth Eden's Eye, wo ein sprechender Brunnen, eine römische Statue oder ein freundlicher Buddha helfen, den richtigen Weg zu finden.

Drusillas Park, Alfriston Road, Alfriston BN26 5QS, Tel. +44 (0)1323-87 41 00, www.drusillas.co.uk. Tägl. 10-17, Sommer 10-18 Uhr. Die Preise sind abhängig von Saison und Gruppengröße: Hauptsaison Familie (4 Pers.) £ 66.

Nach dem Zoobesuch geht es bei „Go Bananas" richtig rund

Paultons Park

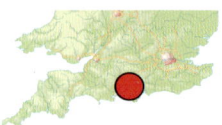

Paultons Park ist ein Freizeitpark, der sich aus einem ehemaligen Country Park entwickelt hat. Einige Tiere wie Erdmännchen, Pinguine (Fütterung tägl. 12 und 15.30 Uhr), Pelikane und Riesenschildkröten sind bis heute heimisch im Park, doch vor allem die Fahrgeschäfte locken hier die Besucher an.

Eine ganz besondere Attraktion ist Edge, ein sogenannter Disko-Coaster, bei dem die Mitfahrer auf einer runden Platte mit Blick nach außen sitzen. Das Ganze dreht sich und schaukelt über eine halbkreisförmige Schiene. Nichts für schwache Nerven sind auch die Achterbahn Cobra und die Wasserbahn Raging River Ride. Aber jüngere Kinder finden ebenfalls eine Vielzahl an fahrbaren Untersätzen, etwa die Minibagger, Riesenkaninchen oder Trecker.

Wer es etwas ruhiger mag, findet bei Peppa Pig genau das Richtige

In **Peppa Pig's World** (www.peppapig world.co.uk) gibt es gleich sieben Fahrgeschäfte. Da kann man mit dem Ballon oder Hubschrauber fliegen, im Boot, Auto oder aber auf einem Dinosaurier fahren. Peppa Pig ist eine in England bekannte Trickfigur aus dem Fernsehen, ein vorwitziges, weibliches Ferkel.

Paultons Park, Ower, Romsey, The New Forest SO51 6AL, Tel. +44 (0) 2380-81 44 42, www.paultonspark. co.uk. Feb-Okt Kernzeit 10.30-16.30, Ende Juni-Anf. Sep 10-17.30 Uhr, Mitte Nov.-Dez Weihnachtswunderland. Ab 1 m Größe £ 27, Familien (4 Pers.) £ 104, Online-Ermäßigung.
Anfahrt: *M 27, Ausfahrt 2. Der Park liegt etwa 15 km westlich von Southampton.*

Auf und ab und rundherum: Hier lässt sich schnell die Orientierung verlieren

GUT ZU WISSEN

Fakten von A bis Z

Anreise

... mit dem Flugzeug

Die schnellste Anreise nach London ist die mit dem Flugzeug. Die Flugdauer beträgt ein bis zwei Stunden. Alle großen Flughäfen in Deutschland steuern einen der Flughäfen Londons an. Mit Lufthansa landet man meist in Heathrow. Mit der U-Bahn kommen Sie von hier ins Zentrum. Bei Germanwings, Airberlin und easyJet zahlen Familien mit zwei Kindern für Hin- und Rückflug 300 bis mehr als € 1000. Billiger wird es mit Ryanair (etwa € 180, www.ryanair.com). Diese Linien landen gewöhnlich in Stansted, 45 km nördlich von London. Von allen Flughäfen verkehrt regelmäßig der EasyBus ins Londoner Zentrum. Zwar dauert die Fahrt etwas länger als mit dem Expresszug (z.B. Stansted-Express, Rückfahrticket £ 33,20, Kinder £ 16,60), aber die Preise sind einfach unschlagbar (Einzelfahrt £ 8-10 p. P.). Bei rechtzeitiger Onlinebuchung können Sie mit dieser Linie schon ab £ 2 fahren (www.easybus.co.uk). Achtung: Passende Kindersitze müssen mitgebracht werden! Wer nicht direkt nach London möchte, kann weiterfliegen nach Plymouth, Newquay oder Bristol. Bristol wird von Deutschland auch direkt angeflogen.

... mit der Bahn

Von Brüssel und Paris aus fährt der Eurostar in zwei bzw. drei Stunden durch den Eurotunnel nach London-St. Pancras. Infos unter www.eurostar.com. Buchungen erfolgen vom Heimat-

Das internationale Zugterminal von St. Pancras empfängt auch den Eurostar

Lesetipps für Kids

Zur Vorbereitung auf eine Reise nach London und Südengland bieten sich eine Reihe von Büchern an. Immer noch eines der schönsten, auch zum Vorlesen, ist „Millie in London" von Dagmar Chidolue. Jungs und Mädchen ab zwölf sind vielleicht zu begeistern für Wolfram Hänels „Lost in London", das teilweise in Englisch verfasst ist. Klassiker sind die Paddington-Bär-Bände von Michael Bond und natürlich „Peter Pan" von James M. Barrie. Mit Übersetzung durch Mama oder Papa lassen sich Kinder im Vorschulalter gern von „Katie in London" durch die Hauptstadt geleiten. Einen eigenen Reiseführer gibt es „Für Eltern verboten: London: Der cool verrückte Reiseführer".

bahnhof zunächst in eine der beiden Städte. Dort steigen Sie um in den Eurostar. Mit dem London-Spezial-Ticket der Deutschen Bahn können Sie bei frühzeitiger Buchung (frühestens 91 Tage vor Reiseantritt) für € 59 pro Person nach London kommen.

... mit dem Bus

Von vielen großen Städten Deutschlands fahren Busse von EuroLines bis zur Victoria Station in London. Die Fahrten erfolgen über Nacht. Ein Rückfahrticket kostet z. B. von Köln € 124, Kinder und Jugendliche erhalten Ermäßigungen. Infos unter www.touring.de.

... mit dem Auto

Wer mit dem Auto auf die Insel reist, hat die Wahl zwischen Fähre und Tunnel. Die kürzeste Fährverbindung ist zwischen Calais und Dover (www.poferries.de oder www.dfdsseaways.de). Möchten Sie weiter westlich landen, bieten sich Fahrten mit LD Lines (www.ldlines.de) zwischen Le Havre und Portsmouth an. Weitere Infos und Buchungsmöglichkeit unter www.directferries.de. Preisvergleiche und Angebotssuche lohnen sich. Tickets für den Autotransport durch den Tunnel sind über www.eurotunnel.com erhältlich. Der Zug fährt mehrmals stündlich zwischen Calais und Folkestone und benötigt 35 Minuten für die Unterquerung des Ärmelkanals. Mit dem Auto fahren Sie direkt in den Zug hinein und bleiben beim Auto im Waggon. Die Verladeterminals haben direkten Anschluss an die Autobahn.

Auskunft

Das **Britische Fremdenverkehrsbüro** stellt auf seiner Internetseite umfangreiche Informationen über Reisen nach Großbritannien zur Verfügung [www.visitbritain.de]. Der Onlineshop hat Eintrittskarten, Bücher und Travelcards im Angebot.

Für Familien interessant ist auch www.visitengland.de mit einer Liste von Attraktionen für Kinder und vielen Tipps für den Familienurlaub.

Vor Ort erhalten Sie in London umfassende Auskünfte im **City of London Information Centre** [St Paul's Churchyard, Tel. + 44 (0) 20 - 7332 14 56, Mo-Sa 9.30-17.30, So 10-16 Uhr]. Alle größeren Städte besitzen eine Touristinformation, die gerne hilft.

Autovermietung

Alle internationalen Autovermietungen besitzen Büros in London und Südengland. Vorabbuchungen gewähren häufig günstigere Konditionen. Kindersitze sind auch in Großbritannien Pflicht und müssen mitgeordert werden. Es gibt Babysitze (baby seats), Kindersitze (child seats, max. bis 18 kg) und Sitzerhöhungen (booster seats, bis 12 J. und 135 cm Größe). Hilfreiche Links: www.carrentals.co.uk, www.121carhire.com, www.sixt.co.uk und www.avis.co.uk.

Babysitter

Vor allem in London, aber auch in zahlreichen anderen Städten in Südengland vermitteln Agenturen Babysitter. Die Kosten betragen etwa £ 7-9,50 je Stunde. Landesweit tätig sind www.findababysitter.com und www.sitters.co.uk (Tel. 084-47 36 73 67, von Deutschland aus +44 (0)1202-71 39 11). Hier benötigen Sie den Post Code Ihrer Unterkunft, um nach einem Babysitter in der Nähe zu suchen. Das gilt auch für die Londoner Agentur London Rate (www.londonrate.com/london-babysitter.htm).

Camping

Campingplatzurlaub ist bei Engländern sehr beliebt und so gibt es auch eine große Anzahl an Caravan und Camping Sites. Häufig gehören mietbare Wohnwagen und Blockhäuser zum Angebot. Die Plätze besitzen meist einen Indoor- und/oder Outdoorpool, Spielplätze und andere Freizeitmöglichkeiten. Adressen finden Sie z. B. unter www.ukcampsite.co.uk und www.ukparks.com. Hier eine Auswahl an empfehlenswerten Plätzen, sortiert von West nach Ost:

Polmanter Touring Park, Halsetown, St. Ives, Cornwall TR26 3LX, Tel. +44 (0)1736-79 56 40, www.polmanter. co.uk. Im Westen von Cornwall. Outdoorpool, zwei Spielplätze, Tennis, Sportfeld. Stellplatz HS ab £ 30, NS ab £ 15,50, inkl. Auto und 2 Pers., Kinder HS £ 7,50.

Riverside Holiday Park Newquay, Gwills Lane, Newquay, Cornwall TR8 4PE, Tel. +44 (0)1637-87 36 17, www. riversideholidaypark.co.uk. Westküste von Cornwall. Indoorpool, Spielplatz, Spieleraum. Stellplatz HS £ 4, Erw. £ 7, Kinder (3-15 J.) £ 5, Auto £ 1.

Woolacombe Bay Holiday Parks, Tel. +44 (0)843-208 03 77, www.woolacombe.co.uk. 4 Parks an der Nordwestküste von Devon. Strandnah, Pools, Kinderclubs, im Golden Coast Village Wavesurfer (Anlage zum Wellenreiten), in Twitchen House interaktive Wasserspiele bei Splash Pad. Stellplatz inkl. 8 Pers. £ 36-66.

Newton Mill Holiday Park, Newton Road, Bath, Somerset BA2 9JF, Tel. +44 (0)1225-33 39 09, www. newtonmillpark.co.uk. 4 km westlich von Bath. Spielplatz, Restaurant. Stellplatz inkl. 2 Pers. £ 26.

Lakeside Holiday Park, Vinnetrow Road, Chichester, West Sussex PO20 1QH, Tel. +44 (0)1243-78 77 15, www. parkholidays.com. Südküste, 50 km westlich von Brighton. Outdoorpool, Fischteiche, Kinderclub. Stellplatz 2 Pers. HS £ 20-32, Kind £ 4.

Crystal Palace Parade, Crystal Palace, London SE19 1UF, Tel. +44 (0)20-87 78 71 55, www.caravanclub.co.uk. Südlondon, direkter Bus (Linie 3) von Piccadilly und Oxford

Bei dem Ausblick ist es nicht verwunderlich, dass Camping in England beliebt ist

Circus. Erw. HS £ 8,20, Kinder £ 3,30.
Long Acres Caravan & Camping
Park, *Newchapel Road, Lingfield,*
Surrey RH7 6LE, Tel. +44 (0)1342-83
32 05, www.longacrescamping.co.uk.
40 km südlich von London. Stellplatz
2 Pers. £ 14,50-17,50, Kind £ 3.
Broadhembury Holiday Park, *Steeds*
Lane, Kingsnorth, Ashford, Kent TN26
1NQ, Tel. +44 (0)1233-62 08 59,
www.broadhembury.co.uk. 90 km
südöstlich von London, Familiärer
Platz, Spielplatz, Sportfeld. Stellplatz
2 Pers. HS £ 25-40, Familien £ 32-47.
Camber Sands Holiday Park,
New Lydd Road, Camber, Rye, East
Sussex TN31 7RT, Tel. +44 (0)843-
309 25 53, www.park-resorts.com.
Zwischen Hastings und Folkestone.
Strandnähe, beheizte Indoorpools,
Abenteuerspielplatz, Kinderclub.
Stellplatz HS £ 44.

Ermäßigungen

Staatliche Museen sind kostenlos, doch
viele der beliebtesten Attraktionen ver-
langen hohen Eintritt. Familienkarten
sind fast überall erhältlich, bei Online-
Buchung gibt es hohe Ermäßigungen.
Sparen lässt sich auch mit verschiedenen
Pässen. In London bietet der **London
Pass** freien Eintritt zu 60 Sehenswürdigkeiten, wahlweise für einen, zwei, drei
oder sechs Tage. Erwachsene zahlen z. B.
für drei Tage £ 81, Kinder (5-15 J.) £ 56.
Im Internet ist der Pass auch inklusive
Travelcard erhältlich (siehe S. 111). Infos
unter www.londonpass.com.
Für Südengland hilfreich ist der **English
Heritage Overseas Visitor Pass** (www.
english-heritage.org.uk). Er gewährt frei-
en Eintritt zu 100 Sehenswürdigkeiten in
England, darunter Stonehenge, Tintagel,
die Ausstellung „Battle of Hastings" und
Dover Castle. Der Familienpass (2 Erw.

+ 4 Kinder bis 21 J.) kostet für neun Tage £ 50, für 16 Tage £ 60. Alle Pässe sind vorab über www.visitbritaindirect.com zu beziehen, aber auch vor Ort erhältlich.

Fahrradverleih

In allen größeren Orten Südenglands und natürlich auch in London lassen sich Fahrräder mieten. Die Kosten betragen £ 10-25 je Tag. In den meisten Zügen werden Fahrräder kostenlos transportiert, jedoch nicht zu Stoßzeiten. Mit Kindern ab 14 Jahren ist das Angebot von **Barclays Cycle Hire** in London interessant. Über das ganze Stadtzentrum sind Stationen verteilt, an denen Fahrräder ausgeliehen werden können. Dazu ist vor Ort eine Kreditkarte nötig, dann können bis zu 4 Räder ausgeliehen werden. Für den Zugang bezahlen Sie je Rad £ 2 für 24 Stunden, £ 10 für sieben Tage. Die erste halbe Stunde der Benutzung ist kostenlos! Für die nächste halbe Stunde wird £ 1 je Rad berechnet. Da die Stationen aber alle 400 m zu finden sind,

> ### On Tour in Newhaven
> *Zwischen Brighton und Eastbourne liegt die Küstenstadt Newhaven mit einer Reihe von Attraktionen für Familien. Hier können Sie ein* **Fort** *aus dem 19. Jahrhundert mit unterirdischen Gängen besichtigen (www.newhavenfort.org.uk, März-Sep tägl. 10.30-18, Okt bis 17 Uhr, Familien £ 18,70) oder die* **Fischereiflotte** *am West Quay besuchen. Der* **Paradise Park** *macht Kindern Spaß: Dort gibt es lebensgroße Dinos, einen großen Spielplatz, eine Miniatureisenbahn und Minigolf. Paradise Park, Avis Road, Newhaven BN9 0DH, Tel. (0)1273-51 21 23, www. paradisepark.co.uk, tägl. 9-18 Uhr, Eintritt ab 3 J. £ 9,99, Familien (4 Pers.) £ 29,99.*

Mit den Rädern von Barclays lässt sich London im Nu erobern

ist es leicht, das Rad rechtzeitig wieder anzuschließen. Wer längere Fahrten plant, kommt bei anderen Anbietern allerdings günstiger davon. Infos zu Barclays Cycle Hire auf www.tfl.gov.uk. Weitere Fahrradverleiher und wo Sie zusätzliche Infos finden:
The London Bicycle Tour Company, *1a Gabriel's Wharf, 56 Upper Ground, London SE1 9PP, Tel. +44 (0)20-79 28 68 38, www.londonbicycle.com. Südufer der Themse. Verleih: 1 Tag £ 20, Woche £ 50, auch Kinderräder. Radtouren im Angebot, auch auf Deutsch. Verleih tägl. 9.30-18, Nov-März Sa/So/Ferien 10-16 Uhr.*

Go Pedal, *www.gopedal.co.uk. Bringt die Räder zu einem gewünschten Ort und holt sie auch wieder ab. Auch Kindersitze und Anhänger (trailer), Preise gestaffelt, bei 4 Rädern für 1 Tag kostet jedes Rad £ 22.*
London Cycling Campaign, *www.lcc.org.uk. Viele Tipps zum Radeln in London, Fahrradverleih-Geschäfte werden auf einer Karte angezeigt.*
Fahrradverleih in Südengland: *www.touristnetuk.com.*
Fahrradhelme sind entweder inklusive oder kosten etwa £ 1 pro Helm.

Ferien

Es gibt in Großbritannien keine landesweite Regelung der Schulferien. Üblicherweise beginnen die Sommerferien in England im Juli und dauern fünf bis acht Wochen. Ende Oktober ist eine Woche schulfrei (Halbzeit des Herbst-Trimesters, „half term break"). Die Weihnachtsferien beginnen einige Tage vor Weihnachten und enden Anfang Januar. Zur Halbzeit des Frühlingstrimesters (Mitte Februar) haben die Schulkinder noch einmal eine Woche frei, im April gibt es drei Wochen Osterferien, Ende Mai/Anfang Juni noch einmal eine Woche zur Halbzeit. Das Schuljahr wird in die Trimester Autumn Term (Sep-Dez), Spring Term (Jan-Ostern) und Summer Term (Ostern-Juli) eingeteilt.

Fundbüro

Bei verlorenen Gegenständen hilft das **Lost Property Office**. In London gibt es im öffentlichen Nahverkehr Verlorenes in der Baker Street zurück [200 Baker Street, London NW1 5RZ, Tel. +44 (0)343-222 12 34, Mo-Fr 8.30-16 Uhr].

Medizinische Versorgung

Besucher aus EU-Staaten werden über den **National Health Service (NHS)**

Klimatabelle (London)

	Jan	Feb	März	Apr	Mai	Juni	Juli	Aug	Sep	Okt	Nov	Dez
Wassertemperaturen (in °C)	9	9	9	9	11	13	15	16	15	14	12	11
Lufttemperaturen/Tag/ Nacht (in °C)	7 2	8 3	10 4	13 6	17 9	20 12	22 14	22 13	19 11	15 9	10 5	8 4
Sonnenschein (in Std.) täglich	2	2	4	6	7	7	7	6	5	3	2	1
Niederschlag (Tage/Monat)	11	9	8	8	8	8	9	9	9	9	10	9

Feiertage

New Year's Day: 1. Januar
Good Friday: Freitag vor
Ostersonntag
Easter Monday: Tag nach
Ostersonntag
Early May Bank Holiday:
1. Montag im Mai
Spring Bank Holiday:
letzter Montag im Mai
Nationalfeiertag: 2. Samstag
im Juni (Her Majesty The
Queen's Official Birthday)
Summer Bank Holiday:
letzter Montag im August
Christmas Day: 25. Dezember
Boxing Day: 26. Dezember

kostenlos behandelt. Infos unter www.
nhs.uk, telefonische Hilfe erhalten Sie
unter der Nummer III (24-Std.-Service,
kostenlos vom Festnetz und Handy).
Wenn Sie einen Allgemeinarzt suchen,
fragen Sie nach einem GP (general practitioner), Kinderärzte heißen „paediatri-
cians". Krankenhäuser mit Notfallauf-
nahmen (A&E, Accident & Emergency
Service) sind z. B.:
St. Thomas Hospital, Westminster
Bridge Road (Westminster), Tel. +44
(0)20-71 88 71 88. U Westminster.
24-Std.-Service, mit Kinderklinik.
Royal London Hospital, Whitechapel Road (City of London), Tel. +44
(0)20-73 77 70 00. U Whitechapel.
24-Std.-Service, angeschlossene
Kinderklinik. Walk-in-center ohne
Termin: Tägl. 12-22 Uhr.
Royal Devon & Exeter Hospital,
Barrack Road, Exeter,

Tel. +44 (0)1392-41 16 11. Mit
Notfallaufnahme und Pädiatrie.
Royal Cornwall Hospital, Treliske,
Truro, Tel. +44 (0)1872-25 00 00.
24-Std.-Notfallaufnahme, Kinder-
abteilung im Tower Block.

Medien

Die Vielfalt an englischen Tageszei-
tungen ist riesig. Man unterscheidet
seriöse Zeitungen (broadsheets) wie die
Times oder den Daily Telegraph von den
„tabloids", der Boulevardpresse, z. B.
Sun oder Mirror. Informationen zu allen
Events in London stehen im monatlich
erscheinenden Time-Out-Magazin.

Notrufe

Der Notruf 999 gilt für Polizei, Feuer-
wehr und Krankenwagen. Der in vielen
anderen europäischen Ländern gültige
Notruf 112 wird auf die 999 umgeleitet
und kann ebenfalls genutzt werden.

Telefon und Post

Die Ländervorwahl für England ist 0044, danach folgt
die Vorwahl der Stadt ohne
Null. Londons Vorwahl lautet
020. Wer von England nach
Deutschland telefonieren will,
wählt die 0049 vorweg.
Die nächste Post finden Sie unter www.postoffice.co.uk. Eine
Hauptpost in London ist in der
Nähe von Trafalgar Square.
24 William IV Street, London
WC2N 4DL, Tel. +44 (0)20-74
84 93 07. Mo, Mi-Fr 8.30-18.30,
Di 9.15-18.30, Sa 9-17.30 Uhr.

Öffnungszeiten

Geschäfte sind meist von Montag bis Samstag zwischen 9.30 und 17.30 Uhr geöffnet, Kaufhäuser auch bis 20 Uhr. In größeren Städten öffnen die Läden an Hauptgeschäftsstraßen häufig auch sonntags zwischen 10.30 und 16 Uhr. Supermärkte sind täglich von 9-22 Uhr offen, einige auch rund um die Uhr.

Strom

Die Netzspannung beträgt 240 Volt. Für viele Elektrogeräte wird ein Steckdosenadapter benötigt.

Unterkünfte

In Südengland stehen zahlreiche Hotels und Bed & Breakfasts zur Auswahl. Im ländlichen Raum finden sich auch Ferienparks (siehe S. 104). Typisch englisch wohnt es sich im Cottage. Eine Auswahl familienfreundlicher Unterkünfte:

B&B Belgravia, *64-66 Ebury Street, Belgravia, London SW1W 9QD, Tel. +44 (0)20-72 59 85 70, info@bb-belgravia.com, www.bb-belgravia.com. U Victoria. Auch Familienzimmer (£ 150-170/Nacht mit Frühstück).*

Hampstead Guest House, *2 Kemplay Road, Hampstead, London NW3 1SY, Tel. +44 (0)20-74 35 86 79, info@hampsteadguesthouse.com, www.hampsteadguesthouse.com. U Hampstead. Bed & Breakfast im Norden Londons, familiär, ruhig. Familien £ 190/Nacht, Frühstück £ 10.*

Rushmore Hotel, *11 Trebovir Road, Kensington, London SW5 9LS, Tel. +44 (0)20-73 70 38 39, reservations@london.com, www.rushmore-hotel.co.uk. U Earls Court. Kinderbetten, Familien ab £ 115/Nacht.*

Bed & Breakfasts sind in ganz England schnell gefunden

New Steine Hotel, *10-11 New Steine, Brighton, East Sussex BN2 1PB, Tel. +44 (0)1273-68 15 46, reservation@newsteinehotel.com, www.newsteinehotel.com. Familienzimmer ab £ 180/Nacht mit Frühstück.*

Burley Court Hotel, *Bath Road, Bournemouth, Dorset BH1 2NP, Tel. +44 (0)1202-55 28 24, info@burleycourthotel.co.uk, www.burleycourthotel.co.uk. Familienzimmer. DZ £ 76-120/Nacht mit Frühstück, Kinder (bis 14 J.) Unterkunft frei, Frühstück £ 11.*

Sands Resort, *Watergate Road, Porth, Newquay, Cornwall TR7 3LX, Tel. +44 (0)1637-87 28 64, www.sandsresort.co.uk. Großes Gelände mit Spielplatz, Hüpfburg, Kletterwand, Minigolf, Indoorpool. Verschiedene Familienzimmer, Erw. ab £ 50/Nacht, Kinder nach Alter.*

Verkehrsmittel

Auto

Der Linksverkehr macht mit einem kontinentalen Auto eventuell beim Überholen Probleme. Hilfreich ist ein Beifahrer, der hier die bessere Sicht hat. In einen Kreisel fährt man nach links hinein. Die Höchstgeschwindigkeit beträgt innerorts 30 mph (= miles per hour, 48 km/h), auf Landstraßen 60 mph (96 km/h), auf Autobahnen 70 mph (112 km/h). Autobahnen werden mit einem M für Motorway bezeichnet, gut ausgebaute Landstraßen mit einem A. Rund um London führt der Autobahnring M 25, der sich wiederum in alle Richtungen verzweigt. Weniger dicht wird das Netz im Südwesten. Insbesondere in Cornwall und Devon engen schmale Straßen und hohe Hecken die Sicht oft ein. Autofahren in London ist nicht zu empfehlen. Wer dennoch mit dem eigenen Auto in die Stadt hinein möchte, muss mit vollen Straßen rechnen. Innerhalb der City wird bei Fahrten montags bis freitags zwischen 7 und 18 Uhr die

Das U-Bahn-Netz erstreckt sich über ganz London und ist farblich codiert

Congestion Charge fällig, eine „Verstopfungsgebühr". Wenn Sie sich online registrieren unter www.cclondon.com zahlen Sie pro Tag £ 10,50 (AutoPay). Die Bezahlung ist auch noch nachträglich bis Mitternacht des nächsten Tages möglich (£ 14). Die Gebühr kann an Automaten, in Shops, an Tankstellen oder per SMS bezahlt werden. Auf der Internetseite kann außerdem eine deutsche Informationsbroschüre heruntergeladen werden. Infos zum Verkehr in London, auch auf Deutsch, unter www.tfl.gov.uk.

Bahn

Es gibt mehrere Bahnbetriebe, z. B. First Great Western (www.firstgreatwestern. co.uk), die von London (Paddington Station) nach Bath, Exeter oder Penzance fahren. South West Trains (www.south westtrains.co.uk) steuern von London-Waterloo z. B. Bournemouth oder Exeter an. Eine gute Übersicht bietet www. nationalrail.co.uk. Kinder unter fünf Jahren fahren kostenlos, zwischen 5 und 15 Jahren zum halben Preis. Wer frühzeitig bucht, spart Geld. Online gekaufte Tickets können vor Ort an Self Service Ticket Machines ausgedruckt werden. Für alle, die viel mit dem Zug fahren möchten, lohnt sich einer der **BritRail-Pässe**, erhältlich unter www.visitbritain shop.com. Die Preise richten sich nach Reichweite und Dauer. BritRail London plus gilt für London und den Südosten und ist erhältlich für zwei, vier oder sieben Tage. Der 2-Tage-Pass kostet in der 2. Klasse (Standard) € 69, für Kinder (5-15 J.) € 39. Den BritRail England Pass – gültig in ganz England – gibt es für aufeinanderfolgende Tage oder als „Flexible" für mehrere Tage. Ein Kind

Einmal Taxi bitte!

Taxifahren finden Kinder cool – und in London allemal! Die Black Cabs werden einfach per Handzeichen angehalten. Leuchtet das Schild, ist das Taxi frei. Natürlich können Sie auch an einem Taxistand einsteigen. Die Gebühr wird per Taxameter gemessen, abends und an Wochenenden ist es etwas teurer. Das Minimum beträgt £ 2,40. Eine zehnminütige Fahrt kostet etwa £ 7 bis 12.

reist frei mit, weitere Kinder bis 15 Jahre zahlen die Hälfte, Kinder unter 5 Jahren sind frei. Die Pässe gibt es nur für ausländische Touristen.

Bus und U-Bahn

National Express (www.nationalexpress. com) betreibt ein dichtes Netz an Fernbussen, die „coach" genannt werden. Die etwa dreistündige Fahrt nach Bath z. B. kostet hin und zurück etwa £ 24. Kinder (3-15 J.) zahlen die Hälfte.

Eng gestrickt ist das öffentliche Verkehrsnetz in London. Schnelles Vorwärtskommen garantiert die U-Bahn (tube). Bei einer Busfahrt kann hingegen so manche Sehenswürdigkeit schon betrachtet werden. Die Bahnen verkehren zwischen 5 Uhr (sonntags 7.30 Uhr) und spätestens 0.30 Uhr. Die einfache Fahrt mit der U-Bahn kostet £ 4,70. Bustickets sind einzeln nur noch per kontaktlosem Bezahlen (contactless payment card) erhältlich, ansonsten müssen Oyster- oder Travelcards genutzt werden.

Die Anschaffung einer **Travelcard** lohnt schon bei nur zwei Fahrten. Sie gilt für Bus, U-Bahn und die Docklands Light Railway (DLR). Es gibt neun Tarifzonen, außerdem wird unterschieden nach Peak-Tickets (jederzeit gültig) und „off peak" (Mo-Fr erst nach 9.30 Uhr). Eine Tages-Travelcard für Zone 1-2 kostet £ 8,90 (off peak) oder £ 9 (peak), Kinder (11-15 J.) zahlen £ 3,60 bzw. 4,50. Außerdem sind 7-Tage-Travelcards erhältlich (Zone 1-2 Erw. £ 31,40, Kinder (11-15 J.) £ 15,70). Statt Tageskarten lohnt sich meist der Kauf einer **Oyster Card**. Diese Prepaidkarten sind mit einem bestimmten Betrag aufgeladen. Es wird automatisch der günstigste Preis ermittelt, z. B. kostet die Einzelfahrt in Zone 1 statt £ 4 nur £ 2,20, die Busfahrt kostet £ 1,45. Außerdem ist der Gesamtpreis eines Tages nie höher als eine Tageskarte gewesen wäre (daily price capping). Die Oyster Card ist online erhältlich unter www.tfl.gov.uk, aber auch in vielen Ticketbüros in London. Dort kann sie neu aufgeladen werden (top up). Bis zu vier Kinder bis 10 Jahren fahren in Begleitung eines Erwachsenen kostenlos. Kinder zwischen 11 und 15 Jahren erhalten in der U-Bahn den Kinderpreis, im Bus fahren sie kostenlos.

Zeit

Es gilt die Westeuropäische Zeit, gern auch noch Greenwich Mean Time (GMT) genannt. Die Uhr zeigt in England eine Stunde weniger an als auf dem Kontinent, wo die MEZ gilt. Engländer geben Uhrzeiten mit „a. m." (vor 12 Uhr mittags) und „p. m." (nach 12 Uhr mittags) an. Öffnungszeiten „10 a. m.-8 p. m." bedeuten also 10-20 Uhr.

Einkaufen & Mitbringsel

London gilt als wahres Einkaufsparadies: Es gibt wohl kaum etwas, das dort nicht zu erstehen wäre. Wer stöbern möchte, findet Ausgefallenes aller Art und in allen Preislagen. Außerhalb der Hauptstadt lohnt der Blick in kleine Läden. Kreative Mitbringsel erfreuen Freunde und Verwandte, Kulinarisches lässt den Urlaub später noch einmal aufleben.

Typisch Englisch

Zahlreiche Souvenirs lassen sich leicht als typisch britisch identifizieren, wenn sie das Bild eines Mitglieds der königlichen Familie tragen oder ein Bobby darauf abgebildet ist. Magnete, Stifte, oder Schlüsselanhänger sind hübsche Andenken, die auch Kinder von ihrem Taschengeld finanzieren können. Noch lange an den Aufenthalt erinnern originelle Tassen und T-Shirts mit Aufdruck.

Museumsshops

Eine wahre Fundgrube sind Museumsshops. Geradezu Königliches gibt es in Windsor Castle (siehe Kasten S. 86) oder dem Buckingham Palace (siehe S. 45). Ein Union-Jack-Kissen mit Aufschrift „God save the Queen" oder hübsch verpackte royale Seife gehören hier zum Angebot. Schönes Andenken ist eine Spardose in Form einer roten Telefonzelle. Auch große Kirchen wie St. Paul's (siehe S. 44) besitzen einen Museumsladen. Neben Tassen, Büchern und allerlei Schnickschnack erhalten Sie hier auch weihnachtliche Dekoartikel. Wie wäre es mit einem englischen Guardsman als Anhänger für den Weihnachtsbaum?

Londons Einkaufsmeilen

Die bekannteste Shoppingadresse ist die **Oxford Street** (U Bond Street oder

Die königliche Familie ist in England an jeder Ecke anzutreffen

Oxford Circus). Im Kaufhaus **Selfridges** (Nr. 400) können Sie Ihre Familie neu einkleiden. Am Oxford Circus wird die Regent Street gekreuzt. Folgen Sie dieser nach Süden, kommen Sie zu **Hamleys** (siehe Kasten). Parallel zur Regent Street verläuft die **Carnaby Road**, Synonym für das Swinging London der 1960er-Jahre. Heute gibt es hier bekannte Modeketten.

Kulinarisches

Teetrinkern zu Hause macht man immer eine Freude mit englischem Tee. Earl Grey und andere Sorten werden oft in hübschen Boxen verkauft. Kekse, Weingummi und Marmelade kommen ebenfalls gut an. Lemon Curd schmeckt lecker auf Brot, kann aber auch als Keksfüllung verwendet werden. Eine typisch englische Süßigkeit ist das aus Karamell hergestellte Fudge. Nicht nur Delikatessengeschäfte, sondern auch ganz normale Supermärkte lassen sich für den Einkauf nutzen. Gut zum Stöbern sind die Wochenmärkte in kleineren Orten. London besitzt mit dem **Borough Market** einen ganz besonderen Lebensmittelmarkt. Die Stände mit köstlichem Gebäck, wunderbaren Käsesorten, buntem Obst und Gemüse stehen unter der London Bridge nahe der Southwark Cathedral. Viele Verkäufer aus aller Welt finden Sie im dazugehörigen **Jubilee Place** [Borough Market, Borough High Street, London SE1 1TL, Tel. +44 (0)20-74 07 10 02, www.boroughmarket.org.uk. U London Bridge. Mi, Do 10-17, Fr 10-18, Sa 8-17 Uhr].

Märkte

Wunderbar stöbern lässt sich im Londoner Stadtteil Camden Town auf dem

---

Spielzeug-Kaufhaus

*Ein ganzes Kaufhaus voll mit Spielzeug – das ist **Hamleys**. Auf sieben Etagen gibt es alles, was das Kinderherz begehrt. Auf jedem Stockwerk darf gespielt werden oder wird etwas vorgeführt. Schauen Sie auch einmal ins Treppenhaus, das immer wieder neu dekoriert wird, z. B im Narnia-Style. Hamleys, 188-196 Regent Street, London W1B 5BT, Tel. +44 (0)871-704 19 77, www.hamleys.com. U Oxford Circus. Mo-Fr 10-21, Sa 9.30-21, So 12-18 Uhr.*

Camden Market, der eigentlich aus fünf Märkten besteht. Zu empfehlen ist vor allem der **Camden Lock Market**, dessen Zugang am Camden Lock Place nördlich des Regent Canal liegt. Neben Kunsthandwerk werden auch Bücher, Schmuck und Lebensmittel angeboten [Camden Lock Market, 54-56 Camden Lock Place, Chalk Farm Road, London NW1 8AF, Tel. +44 (0)20-74 85 79 63, www.camdenlockmarket.com. U Camden Town. tägl. 10-18 Uhr]. Der **Portobello Road Market** in Notting Hill öffnet samstags. Auf dem Flohmarkt finden Sie Second-Hand-Kleidung und Antiquitäten [Portobello Road Market, Portobello Road, London W10 5TA, Tel. +44 (0)20-77 27 76 84, www.portobelloroad.co.uk. U Ladbroke Grove. Sa 8.30-17 Uhr].

Kaufhäuser

Das bekannteste Kaufhaus in London ist Harrods (siehe S. 42), das 1834 von

Charles Harrod gegründet wurde. Der ehemalige Hoflieferant gehört inzwischen einem Investor aus Katar. Fast nebenan ist bei **Harvey Nichols** ebenfalls ein vielfältiges Sortiment zu finden. Weitere Einkaufstempel in London sind neben Selfridges u. a. **Liberty** (200-210 Regent Street) und **Fortnum & Mason** (181 Piccadilly) mit seinen erlesenen Lebensmitteln und luxuriösen Artikeln.

Bücher

Das Stöbern in englischen Buchläden ist eine wahre Wonne. Bilderbücher für die Kleinen führen spielerisch an die englische Sprache heran. Antiquariate sind ebenfalls eine Fundgrube. In der Charing Cross Road in London reiht sich eine Buchhandlung an die andere.

Für Kinder

Neben Harrods (siehe S. 42) und Hamleys (siehe Kasten S. 113) gibt es in London auch Benjamin **Pollock's Toyshop**. Der altmodische Laden befindet sich im **Covent Garden Market** und ist bekannt

Der erste Markt in Covent Garden fand schon 1654 statt

> ### Covent Garden Market
> *Ein Besuch im Covent Garden Market lohnt meist schon vor dem Betreten der Markthallen: Auf dem Vorplatz in Richtung St. Pauls Church zeigen Jongleure und Zauberer gerne ihr Können. Drinnen freuen sich Kinder auf Bens Cookies, die bunten Accessoires von Pylones oder den Moomin Shop. Weitere Infos unter www.coventgardenlondonuk.com. Nebenan ist das London Transport Museum zu Hause (tägl. 10-18 Uhr Erw. £ 15, Kinder frei).*

für seine hübschen Papiertheater (Toy Theatres) [Pollock's Toy Shop, 44 The Market, Covent Garden, London WC2E 8RF, Tel. +44 (0)20-73 79 78 66, www.pollocks-coventgarden.co.uk. U Covent Garden. Mo-Mi 10.30-18, Do-Sa 10.30-18.30, So 11-18 Uhr].
Nicht weit von hier bietet **Davenports Magic** allerlei Zauberartikel. Der Laden befindet sich in den U-Bahn-Arkaden der Charing Cross Station [Davenports Magic, Tel. +44 (0)20-78 36 04 08, www.davenportsmagic.co.uk. U Charing Cross. Mo-Fr 9.30-17.30, Sa 10.30-16.30 Uhr].

Südengland

In allen größeren Städten gibt es Einkaufszentren. Regionale Mitbringsel sind z. B. Cider aus Somerset und Wiltshire oder Cheddarkäse aus der gleichnamigen Stadt (siehe S. 70). Beliebt an Sehenswürdigkeiten sind T-Shirts mit Aufdruck, z. B. ein Stonehenge-Motiv.

Feste & Veranstaltungen

Januar
New Year's Day Parade
Am Neujahrstag um 12 Uhr beginnt die dreistündige Parade an der Ecke Piccadilly/Berkeley Street. Musikkapellen, tanzende Drachen und Clowns ziehen fröhlich zum Big Ben. Wer nicht stehen möchte, kann Tribünenkarten kaufen. Diese sind ab Oktober erhältlich. Infos: www.londonparade.co.uk.

Februar
Great Spitalfields Pancake Day Race
Im Osten von London startet alljährlich am Fastnachtsdienstag um 12.30 Uhr ein kurioses Rennen. Teams aus vier Personen in Kostümierung rennen für den guten Zweck – mit Pfanne und Pfannkuchen. Infos: www.alternativearts.co.uk.

Chinese New Year
Auf dem Trafalgar Square, dem Leicester Square und in Chinatown wird im Februar das chinesische Neujahrsfest gefeiert. Chinesische Drachen, Feuerwerk, Tänzer und Künstler sind zu sehen. Eintritt frei. Infos: www.chinatownlondon.org.

März
St. Patrick's Day Parade
Am Sonntag, der dem 17. März am nächsten ist, gedenkt man auch in London des irischen Nationalheiligen St. Patrick. Eine Parade mit Festwagen, Clowns und Stelzenläufern verläuft vom Green Park (Piccadilly) zum Trafalgar Square, wo ein Festival stattfindet. Für Kinder gibt es ein Programm in der Children's Culture Corner. Infos: www.london.gov.uk.

Den Geburtstag der Königin feiert das Land mit einem Nationalfeiertag

Oxford & Cambridge Boat Race
Seit 1829 kämpfen die Universitätsstädte in einer Ruderregatta auf der Themse um den Sieg im Boat Race. Es findet am letzten Samstag im März oder am ersten Samstag im April im Südwesten Londons statt. Gute Sicht haben Sie am Start (U Putney Bridge) und am Ziel (U Kew Gardens). Infos: www.theboatrace.org.

April
Queen's Birthday
Der Geburtstag von Königin Elizabeth II. am 21. April wird mit Salutschüssen im Hyde Park (um 12 Uhr) und im Tower (um 13 Uhr) begangen. Nationalfeiertag zu diesem Anlass ist der zweite Samstag im Juni. Infos: www.royal.gov.uk.

Mai
'Obby 'Oss in Padstow
In Padstow (Cornwall) wird traditionell am 1. Mai der Frühling begrüßt. 'Obby 'Oss kommt von Hobby Horse (Stecken-

pferd). Die Stadt ist geschmückt und rund um den Maibaum wird getanzt und gefeiert. Infos: www.padstowlive.com.

Rochester Sweeps Festival

Am Wochenende um den 1. Mai ist in Rochester (Kent) das Sweeps Festival. In der High Street wird eine bunte Parade mit Morrisdance abgehalten, ein traditioneller englischer Volkstanz. Für Kinder gibt es Aktivitäten im Burggarten. Infos: www.visitmedway.org.

Juni

Dickens Festival

Musik, Tanz und Straßentheater im viktorianischen Gewand bietet das Dickens Festival Anfang Juni in Rochester (Kent). Auch mit Kinderprogramm. Ein zweites Fest gibt es zu Weihnachten. Infos: www.rochesterdickensfestival.org.uk.

Trooping the Colour

Am zweiten Samstag im Juni wird zu Ehren des Geburtstags der Queen eine Parade veranstaltet. Auf dem Horse Guards Parade marschieren Soldaten und Pferde zu Musik auf. Um 13 Uhr erfolgt eine Flugparade der Royal Air Force, Zuschauer können auf der Mall stehen. Infos: www.royal.gov.uk.

Stonehenge-Sommersonnenwende

Am 21. Juni pilgern Tausende nach Stonehenge, um die Sommersonnenwende zu feiern (summer solstice). Infos: www.english-heritage.org.uk.

Juli

Paddle Round the Pier in Brighton

An einem Wochenende Anfang Juli ist am Brighton Pier die Hölle los, Kinder-

---

Salut

Salutschüsse werden auch am 6. Februar (Accession Day), am 2. Juni (Coronation Day), zu Prinz Philips und Prinz Charles' Geburtstagen (10. Juni/14. November) sowie zur Eröffnung des Parlaments (November) abgefeuert. Die Zahl der Schüsse hängt von Ort und Anlass ab. 21 Schüsse sind die Basis, im Hyde Park kommen 20 hinzu, da es ein königlicher Ort ist, im Tower weitere 21 für die City of London. Die Schüsse werden von der Royal Horse Artillery aus Kanonen abgefeuert.

---

programm inklusive. Höhepunkt des Strandfestivals ist das große Paddeln um den Pier am Sonntag. Infos: www.paddleroundthepier.com.

Waterloo Carnival

Das Dschungelfest wird Anfang bis Mitte Juli in Lower Marsh in London-Waterloo gefeiert. Es gibt eine Kinderprozession und Aktionen für Familien. Infos unter: www.waterloocarnival.org.

Eastbourne Extreme

Bei dem Extremsportfestival sind kostenlos spektakuläre Vorführungen von Inlineskatern, Kitesurfern oder Jetskifahrern zu sehen. Infos: www.eastbourneextreme.co.uk.

New Forest Show

Bei Brockenhurst im New Forest kommen Ende Juli viele Besucher zusammen, um die Landwirtschaftsschau zu sehen. Für Kinder gibt es ein buntes Unterhaltungsprogramm. Erw. £ 19,50, Kinder (5-16 J.) £ 6, Familien (4 Pers.) £ 45. Infos: www.newforestshow.co.uk.

Ilfracombe Birdman
Ende Juli oder Anfang August stürzen sich verrückte „Flieger" vom Pier in Ilfracombe (Devon). Infos: www.ilfra comberoundtable.co.uk.

August
Bristol Balloon Fiesta
Mitte August steigen in Bristol an vier aufeinanderfolgenden Tagen unzählige Heißluftballone in die Höhe und Sie können zuschauen! Infos: www.bristol balloonfiesta.co.uk.

Notting Hill Carnival
Am Bank-Holiday-Wochenende im August (siehe Kasten S. 108 oben) ist der Termin für den karibischen Karneval im Londoner Stadtteil Notting Hill. Sonntag ist Kindertag, am Montag findet die große Parade statt. Infos unter: www.thenottinghillcarnival.com.

September
Great River Race
An einem Samstag im September rudern unzählige Boote um die Wette von den Londoner Docklands bis nach Richmond. Gute Sicht bieten die Millennium-Brücke oder die Hungerford-Brücke. Infos: www.greatriverrace.co.uk.

November
Oldtimerrennen London–Brighton
Beim London to Brighton Veteran Car Run starten nur Fahrzeuge, die vor 1905

gebaut wurden. Das Rennen wird alljährlich am ersten Sonntag im November ausgetragen, Start ist am Hyde Park. Infos: www.veterancarrun.com.

Guy Fawkes Night
Am 5. November 1605 scheiterte ein Attentat des Offiziers Guy Fawkes auf König James I. (siehe S. 122). Im ganzen Land feiert man das in der Bonfire Night mit Fackelumzügen und Feuerwerk.

Lord Mayor's Procession & Show
Vom Victoria Embankment oder von South Bank lässt sich diese Parade am zweiten Samstag im November am besten verfolgen. Sie endet um 17 Uhr mit einem riesigen Feuerwerk. Gefeiert wird der neu gewählte Bürgermeister der City of London. Für £ 37,50 können auch Tribünenkarten online erworben werden. Infos: www.lordmayorsshow.org.

Bunt wirbeln die Karnevalisten im August durch Notting Hill

Flora & Fauna

Was Südengland vor allem auszeichnet, ist seine lange Küste. Daneben prägen die Moore im Westen und die hügelige, mit Weiden und Wäldern überzogene Landschaft das Bild und somit die Tier- und Pflanzenwelt.

Küste

Etwa 1.600 km zieht sich Südenglands Küstenlinie hin. Im Osten liegt die Nordsee, im Süden der Ärmelkanal und im Westen der Atlantik. Viele Vogelarten sind an der Küste heimisch. An den Kreidefelsen von Dover nisten gern Dreizehenmöwen und Eissturmvögel. In ganz Südengland ist die Vogelbeobachtung (bird watching) sehr beliebt.

Cornwall hat sowohl eine Nordküste mit dem windigeren Atlantikklima als auch eine Südküste, die wegen ihres warmen Klimas auch Riviera genannt wird. Die Halbinsel wird vom Golfstrom begünstigt und so wachsen hier sogar Palmen.

Auf den Kreidefelsen im Südosten wachsen seltene Pflanzen

Seehundbabys

*Eine **Auffangstation für Seehundbabys** befindet sich in Gweek in Cornwall. Mehr als 30 kleine Kegelrobben werden jedes Jahr gerettet, aufgepäppelt und wieder in die Freiheit entlassen. Es sind u. a. auch Seelöwen und Pinguine zu sehen. Der Piratenspielplatz und Fütterungen sind im Ticket inbegriffen. National Seal Sanctuary, Gweek bei Helston, Cornwall TR12 6UG, Tel. +44 (0)1326-22 13 61, www.sealsanctuary.co.uk. Tägl. 10-16, im Sommer 10-17 Uhr. Erw. £ 14,40, Kinder (3-14 J.) £ 12, Familien (4 Pers.) £ 44,40. Anfahrt: A 394 und A 3083.*

Der Boden von The Lizard (siehe Kasten S. 84) besteht aus Ophiolitgestein und lässt seltene Pflanzen wie den Lizard-Klee wachsen. In Cornwall wurde sogar die seltene Alpenkrähe wieder heimisch. Im Wasser vor der Küste lassen sich gern Robben blicken, manchmal sogar Schweinswale und der Riesenhai – der sich aber nur von Plankton ernährt. Der Fischfang ist nach wie vor eine Einnahmequelle in der Region. Frisch kommen z. B. Hering oder Aal auf den Tisch.

Moore

Rauer geht es in den Mooren im Südwesten zu. Dartmoor (siehe S. 75), Exmoor und Bodmin Moor sind Hochmoore. Hier wachsen Flechten, Heidegras und Moose. Heraus aus der Landschaft ragen

Hügel mit Granitfelsen. Zu den vorkommenden Vogelarten gehören Kiebitze, Schnepfen und Brachvögel. In den Flüssen und Bächen der Moore leben auch Forellen und Lachse. Vor allem im Dartmoor und im Exmoor weiden Ponys und Schafe, erstere halb wild.

Flüsse

In den Flüssen Cornwalls ist inzwischen wieder Otter heimisch. An flatternden Gesellen lassen sich neben Uferschwalben auch Eisvögel erblicken. Am zweitlängsten Fluss Englands, der Themse, sieht man außerhalb Londons vielleicht auch mal einen Kormoran oder einen Graureiher. 2011 wurden sogar Seepferdchen im Wasser gesichtet. Außerdem leben darin Flundern, Hechte und viele andere Fischarten.

Wiesen, Wälder und Hecken

Große Wälder gibt es im Süden Englands nicht mehr; die Laubbäume wurden im Zuge der frühen Industrialisierung abgeholzt. Auch im New Forest (siehe S. 88) im Süden findet man nur noch kleinere Waldbestände, dafür vor allem Heideland. Der Nationalpark beherbergt neben mehreren Hirsch- und Schlangenarten auch wilde Ponys. Kleinere Wälder und große Wiesen dominieren die Landschaft von Somerset und Wiltshire mit ihren Schafen und Kühen. Für den berühmten Cider werden Äpfel auf großen Plantagen angebaut. Wo es noch Wald gibt, wachsen vor allem Eichen, Eschen und Birken. Oft werden Landstraßen von Hecken begrenzt. Traditionell „zäunte" man mit ihnen die Felder ein, im Südwesten Englands sind besonders viele erhalten. Sie

sind ein Biotop für Pflanzen und Tiere. Unter den Hecken verbergen sich Steine aus Schiefer oder Granit, die zahlreichen Eidechsen und Insekten Unterschlupf bieten. Moose und Flechten wachsen genauso auf ihnen wie Hunderte Blumenarten, darunter das blau blühende Hasenglöckchen (bluebell).

Landschaftsparks

Im 18. Jahrhundert wurde in England die Form des Landschaftsgartens entwickelt. Während der barocke französische Garten alles in symmetrische und klare Formen gezwungen hatte, setzte man in England auf ein möglichst natürliches Aussehen. Wege und Flüsse schlängelten sich durch den Park. Statt üppigen Blumenrabatten pflanzte man Bäume, weite Rasenflächen zogen sich dahin und auch ein See gehörte dazu. Bekannte Gärten im Süden Englands sind der von Stourhead (Wiltshire) oder der am Chiswick House (West-London).

Londons grüne Lungen

Auch in einer Millionenstadt wie London ist Platz für Tiere. In den vielen Parks tummeln sich besonders Eichhörnchen in großer Zahl. Ihnen ist es egal, ob sie in einem der Royal Parks herumturnen oder in einem ganz gewöhnlichen der 200 anderen. Richmond Park ist für Tierfreunde ein ganz besonderes Juwel, denn in dem größten ummauerten Park Europas leben etwa 650 Rot- und Damhirsche. Aber auch Botaniker haben ihre Freude in den Parks, ganz besonders im Botanischen Garten in Kew (siehe Kasten S. 89), den auch Kinder sofort in ihr Herz schließen, wenn sie die Spielplätze und den Baumpfad entdecken.

Geschichte

Bis etwa 6000 v. Chr. war Großbritannien keine Insel, sondern durch eine Landbrücke mit dem Festland verbunden. Erst als sich das Klima nach der letzten Eiszeit erwärmte, verschwand die letzte Landbrücke – Großbritannien war vom Kontinent abgeschnitten. In der Jungsteinzeit entstanden gewaltige Megalithbauten und kreisförmige Steinsetzungen wie Stonehenge (siehe S. 67).

Kelten und Römer

Im Laufe der Eisenzeit wanderten Kelten aus dem Gebiet des heutigen Frankreich in Britannien ein. Einem ihrer Stämme, den Brythonen, verdanken die Briten überhaupt erst ihren Namen.
Im Jahr 43 n. Chr. gelang es den Römern unter Kaiser Claudius, Britannien zu erobern. Das Land wurde zur römischen Provinz. Eines der berühmten Relikte dieser Zeit sind die Thermen in Bath (siehe S. 71). Auch London ist eine römische Gründung. Die Römer nannten die Stadt mit der günstigen Lage an der Themse Londinium. Im Norden drangen die Römer fast bis ins heutige Schottland vor. Die römische Herrschaft endete im Jahr 410.

Die Angelsachsen und die Dänen

Zur Zeit der Völkerwanderung fielen germanische Stämme ein: die Jüten, Angeln und Sachsen. Von den Kämpfen der christianisierten Briten gegen die heidnischen Germanen berichten die Sagen um König Artus (siehe S. 80). Die germanischen Stämme verschmolzen

schließlich zu den Angelsachsen. Sie herrschten gerade in England, als ab 866 Dänen ins Land einfielen. Bis 1042 stellten nun die Dänen die Könige. Erst dann kam wieder ein Angelsachse auf den englischen Thron.

Die Normannen

Noch einmal sollten die Britischen Inseln erobert werden – von den Normannen. Das Datum 1066 kennt jedes englische Schulkind, denn in diesem Jahr landete der normannische Herzog William the Conqueror (Wilhelm der Eroberer) in der Nähe von Hastings

---

Die Goldene Hirschkuh

*Gleich zwei **Nachbauten der Golden Hinde**, mit der Francis Drake um die Welt segelte, können in Südengland besichtigt werden. Beide Museumsschiffe bieten ein Piratenprogramm für Kinder. In London liegt die Galeone am Themse-Ufer: Pickfords Wharf, Clink Street, London SE1 9DG, Tel. +44 (0)8700-11 87 00, www.golden hinde.com. U London Bridge. Tägl. 10-17.30 Uhr. Erw. £ 6, Kinder £ 4,50, Familien £ 18. Der zweite Nachbau ankert im Hafen von Brixham an der Südküste von Dover: The Quay, Brixham, Devon TQ5 8AW, Tel. +44 (0)1803-85 62 23, www. goldenhind.co.uk. Feb-Okt tägl. 10-16, Sommer bis 18 Uhr, Donnerstag Piratentag. Erw. £ 4, Kinder £ 3, Familien £ 12.*

(siehe S. 21) und schlug die Angelsachsen in einer erbitterten Schlacht. William wurde König von England.

Dynastie Plantagenet

Nachdem 1138 der letzte normannische König ohne Erben verstorben war, begann ein Bürgerkrieg, der erst 1154 mit der Thronbesteigung Henrys II. ein Ende fand. Er stammte aus dem Haus Anjou-Plantagenet. Diese Dynastie sollte bis 1399 regieren. Berühmtester Vertreter ist Richard Löwenherz (1189-1199).

Hundert Jahre Krieg

Im Hundertjährigen Krieg (1337-1453) kämpfte England gegen Frankreich, nachdem Edward III. Anspruch auf den französischen Thron erhoben hatte. Kurze Zeit später brachen die Rosenkriege (1455-1485) aus, in dem die Herrschaftshäuser York und Lancaster um den Thron stritten. Ihre Symbole sind eine weiße bzw. eine rote Rose. Henry Tudor aus dem Hause Lancaster siegte schließlich und gründete als Henry VII. die Dynastie der Tudors.

Mit den Tudors in die Neuzeit

Bekanntester Tudor ist Henry VIII. Das Schicksal seiner sechs Ehefrauen merken sich Engländer mit dem Spruch: Divorced, beheaded, died. Divorced, beheaded, survived. (Geschieden, geköpft, gestorben. Geschieden, geköpft, überlebt). Henry ging aber auch als Begründer der Anglikanischen Staatskirche in die Geschichte ein. Weil der Papst in Rom seiner Scheidung von Katharina von Aragón nicht zustimmen wollte, sagte er sich und England von der katholischen Kirche los. Henry VIII. war daraufhin selbst das Kirchenoberhaupt und ließ alle Klöster auflösen.

Old Sarum (S. 67) diente schon vielen Eindringlingen in England als Heimstätte

Das Elisabethanische Zeitalter

Im Begriff des Elisabethanischen Zeitalters hat sich Elizabeth I., die Tochter Henrys VIII., verewigt. Während ihrer Regierungszeit (1558-1603) erlebte England eine Blüte bis dahin unbekannten Ausmaßes. Wirtschaftlich und kulturell ging es bergauf. Nach den großen Entdeckungen durch die Portugiesen und Spanier stieg auch England in das Geschäft mit Übersee ein. Francis Drake umsegelte als zweiter Mensch die Erde (1577-1580). Die Ostindiengesellschaft brachte großen wirtschaftlichen Aufschwung ins Land. Nicht nur mit Tee und Gewürzen handelte man mit großen Gewinnen, sondern auch mit Sklaven. William Shakespeare schrieb mehr als 30 Dramen und führte sie unter anderem im Globe Theatre in London auf.

Die Stuarts an der Macht

Elizabeth I. starb kinderlos und so kam 1603 mit James I. ein schottischer König auf den Thron Englands. 1605 loderte ein Konflikt wieder auf: der zwischen Katholiken und Protestanten. Der Katholik Guy Fawkes hatte beim sogenannten Gunpowder Plot am 5. November versucht, das Parlament in die Luft zu sprengen – was ihm jedoch misslang. Die Katholiken wurden daraufhin verfolgt. Auch zwischen dem Parlament und der Monarchie gab es im 17. Jahrhundert dauernde Reibereien. 1642 kam es zum Bürgerkrieg: Oliver Cromwells Parlamentstruppen siegten schließlich, England wurde einmalig in seiner Geschichte zur Republik. 1660 wurde die Monarchie wiederhergestellt. 1666 wurden beim großen Brand in London große Teile der Stadt zerstört.

Deutsche Könige auf dem Thron: das Haus Hannover

1714 gelangte George I. auf den Thron. Der Kurfürst aus Hannover war der Enkel von Elizabeth Stuart und sicherte die protestantische Thronfolge. Das 18. Jahrhundert wird das georgianische – George I. folgten bis 1820 drei Namensvetter, George II., III. und IV. Unter ihrer Herrschaft wandelte sich das bisherige Agrarland zum Mutterland der Industriellen Revolution. Als Handels- und Kolonialmacht stand England immer wieder im Konflikt vor allem mit Frankreich. 1805 besiegte Nelson die Franzosen am Kap von Trafalgar, 1815 gelang der vernichtende Schlag in der Schlacht von Waterloo.

Viktorianisches Zeitalter

William IV. folgte Königin Victoria I. auf den Thron. Länger als jeder andere englische Monarch regierte sie von 1837 bis 1901 und gab einem ganzen Zeitalter ihren Namen. Die Industrialisierung führte zu dieser Zeit zu einem wirtschaftlichen Aufschwung. Victorias Sohn Edward VII. gehörte dem Hause Sachsen-Coburg und Gotha an. Dieses Geschlecht regiert noch immer in Großbritannien – allerdings ließ George V. den Namen im Ersten Weltkrieg in Haus Windsor ändern, weil der alte Name allzu deutsch klang.

England im 20. Jahrhundert

Die englischen Kolonien strebten nach Unabhängigkeit. Das führte schließlich zur Gründung des Commonwealth of Nations 1931. Indien wurde 1947 in die Unabhängigkeit entlassen. 1952 bestieg Queen Elizabeth II. den Thron.

Sport

Für sportlich Aktive ist Südengland einfach ideal. Die Küste bietet Wassersportlern ein wunderbares Revier, Wanderwege laden zum Erkunden ein und auch Radwege wurden erschlossen. Baden lässt sich an den Sand- und Kiesstränden (siehe Kapitel Badestrände) genauso wie in Erlebnisbädern unterm Dach.
Wer lieber nur zuschaut, kann sich bei einer typisch englischen Sportart wie Cricket oder beim Pferderennen amüsieren. Eine Hilfe beim Finden von Outdoor-Aktivitäten jeglicher Art ist www.yumping.co.uk.

Angeln
Die Küste und viele schöne Seen und Flüsse laden zum Fischen ein. Besonders beliebt ist hier das Angeln nach Lachs und Forelle. Eine **Angelgenehmigung** (rod license) ist vor Ort bei der lokalen Behörde erhältlich oder kann auch online bestellt werden

Beim Angeln können die Kinder zuschauen, lernen und mitmachen

> ### Eislaufen in London
> *Das ganze Jahr über können Sie bei **Queen's Ice & Bowl** auf die glatte Fläche (www.queensice andbowl.co.uk, U Queensway). Weiter im Süden, in Streatham, gibt es ebenfalls eine Eislaufhalle (www.streathamicearena.com, Zug von London Bridge nach Streatham). Im Winter öffnen mehrere Ice Rinks unter freiem Himmel: am Tower, am Natural History Museum, im Hyde Park, am Hampton Court Palace, am Somerset House und an der Canary Wharf.*

[www.environment-agency.gov.uk. Saison (Lachs und wandernde Forellen ausgeschlossen): Erw. £ 27, Kinder £ 5, 8-Tages-Lizenz £ 10].

Golf
Golf ist in England ein Volkssport und so gibt es nicht nur an jeder freien Ecke einen Golfplatz, sondern die Gebühren sind auch erschwinglich. Hilfreich beim Finden des nächstgelegenen Platzes ist www.uk-golfguide.com. Sogar im Umkreis von London gibt es eine Vielzahl an Golfclubs. Besucher zahlen die Greenfee, Junioren erhalten eine Ermäßigung.

Klettern
Geklettert wird an Kliffs, auf den Granitfelsen (Tors) in den Mooren oder in Kletterhallen. Unterricht bieten zahlreiche Zentren an, z. B. der River Dart Country Park (www.riverdart.co.uk). Eine Kletter-

halle gibt es z. B. in Penryn (Cornwall, www.gpclimbing.com). Hochseilgärten betreibt Go Ape (siehe S. 92) in ganz England (www.goape.co.uk). Kinder dürfen in allen Kletterparks ab zehn Jahren mit in die Höhe.

Radeln

Auf den engen Straßen im Westen oder den viel befahrenen im Osten ist Radfahren kein wirkliches Vergnügen. Aber es gibt auch immer mehr ausgebaute Fernradwege. Die teils hügelige Landschaft erfordert etwas Kondition. Informationen zum **National Cycle Network** mit allen Routen finden Sie unter www.sustrans.co.uk. Zu empfehlen sind der Weg durch das Thames-Valley, die Garden of England Route oder Devon Coast to Coast. Kinder mögen auch den Camel Trail von Padstow über Bodmin nach St. Breward, der auch auf Teilstrecken gut befahren werden kann.

Reiten

Reitschulen gibt es in ganz Südengland. Jede Grafschaft listet auf ihrer Internetseite Reitställe auf und gibt Tipps für Reitwege. Besonders schön sind Dartmoor (siehe S. 75) und Exmoor mit ihren weiten Heide- und Moosflächen und frei laufenden Schafen sowie die South Downs und der New Forest (siehe S. 88) mit Heide und Wald.

Wassersport

Die Küsten von Cornwall und Devon bieten ideale Bedingungen für Wassersport. Die Westküste zwischen Ilfracombe und St. Ives (siehe S. 28) sowie Newquay (www.visitnewquay.org) sind Surferparadiese. Surfschulen finden Sie auch unter www.surfinggb.com. Auch Kanu, Kajak oder Wasserski fahren ist verbreitet. Auch Segelschulen finden sich entlang der Küste. Informationen gibt die **Royal Yachting Association**: www.rya.org.uk.

Hoch zu Ross lässt sich die Landschaft noch einmal ganz anders erleben

Wo Tarka wohnt

*Der **Tarka Trail** im nördlichen Devon kann wandernd, radelnd oder reitend erkundet werden. Er ist nach dem Protagonisten eines in England bekannten Kinderbuches benannt: „Tarka, der Otter" von Henry Williamson. Der Tarka Trail ist insgesamt 290 km lang. Besonders empfehlenswert sind die Strecken von Braunton nach Barnstaple (10 km) und Great Torrington nach Meeth (16 km). Sie verläuft verkehrsfrei entlang einer ehemaligen Bahnstrecke. Infos und das Faltblatt zum Download unter www.devon.gov.uk/tarkatrail.*

Wandern

Kleine Etappen auf einem der Fernwanderwege machen auch Kindern Spaß, vor allem wenn es nebenbei etwas zu erkunden gibt. Der **South West Coast Path** verläuft entlang der gesamten Küste von Cornwall und Devon bis nach Poole in Dorset. Auf www.southwestcoastpath.com werden auch kurze und einfache Routen vorgeschlagen, die sich mit kleinen Wanderern eignen. Der Küstenabschnitt zwischen Exmouth und Swanage wird auch **Jurassic Coast** genannt. Er gehört zum Weltnaturerbe der UNESCO und ist bekannt als Fundort für Fossilien (www.jurassiccoast.org). Vor allem bei Charmouth und Lyme Regis kann man fündig werden (siehe S. 26).
Schöne Wanderwege bietet auch das Dartmoor. In Postbridge und Haytor lassen sich an den Infozentren Audiotouren ausleihen, die Sie über 10 km zu den interessantesten Punkten führen (siehe Kasten S. 77). Auch durch das Exmoor führen Wanderwege (www.exmoor-nationalpark.gov.uk). Der Two Moors Way verbindet beide Moore miteinander.
Im Osten Englands lädt der **South Downs Way** zwischen Winchester und Eastbourne zum Erkunden ein (www.southdownsway.co.uk). Auf seinem Weg lässt sich der Long Man of Wilmington, ein Scharrbild, genauso sehen wie die Klippen der Seven Sisters. Auch entlang der Themse können Sie wandern, auf dem **Thames Path** (www.thames-path.com). Die genannten Fernwanderwege gehören zu sechzehn National Trails in Großbritannien. Infos finden Sie auch unter www.nationaltrail.co.uk.

Zuschauen

Wer einmal beim Cricket zuschauen möchte, kann dies am **Lord's Cricket Ground** in London tun. Dort gibt es außerdem ein **Cricket Museum**. Unter www.lords.org können Sie die Termine erfahren und erhalten Tickets.
In Ascot, 45 km südwestlich von London, werden beim Pferderennen noch immer gern die legendären Hüte getragen. Doch auch ohne dem englischen Hochadel anzugehören, dürfen Sie den Rossen beim Rennen zuschauen. Karten für das Royal-Ascot-Rennen Mitte Juni gibt es ab £ 20 über die Internetseite. Dort können Sie sich auch über die richtige Kleiderordnung informieren. Der wichtigste – und teuerste – Renntag ist der dritte, der Gold Cup Day. Jeder der Renntage wird von der königlichen Familie eröffnet. Weitere Infos: www.ascot.co.uk.

Verlag: COMPANIONS GmbH,
Bei den Mühren 1, 20457 Hamburg,
Tel. 040-306 04-600,
Fax 040-306 04-690,
E-Mail: info@companions.de,
Internet: www.companions.de

Autorin: Kirsten Wagner

Lektorat und Schlussredaktion:
Anne-Kristin Mathiszig, Bettina Hensel

Schlusskorrektur:
Nadia Al Kureischi

Titelgestaltung und Layout:
Cornelia Prott

Druck und Bindung:
optimal media GmbH, Röbel/Müritz

Bildnachweise:
Titelfoto: Veer.com/Barney Boogles
Alle Fotos: Kirsten Wagner, außer:
The New Forest S. 3, 88, Eléonore H/
Fotolia.com S. 5, VisitBrighton S. 10,
Bob Berry/VisitCornwall S. 11, 29, Tracy
Lorna Nors/panthermedia.net S. 17,
Eva McPherson/iStockphoto.com S. 19,
Tokle/iStockphoto.com S. 21, Chris-
topher Jones/Shutterstock.com S. 26,
Stephen Aaron Rees/Shutterstock.com
S. 27, Paul Watts/VisitCornwall S. 28,
81, 83, Anthony Brown/iStockphoto.
com S. 31, Ivor Clarke/iStockphoto.
com S. 32, Merlin Entertainment S. 35,
iStockphoto.com/Piero Cruciatti S. 43,
National Maritime Museum Greenwich
S. 49, Canterbury Tales S. 57, Gyrohype/
Fotolia.com S. 60, Portsmouth S. 62,
VisitWiltshire S. 66, Longleat Safaripark

S. 69, Cheddar Gorge S. 70, Bath
Tourism Plus S. 72, 73, Colin Hawkins/
Bath Tourism Plus S. 74, VisitDevon
S. 77, Hicki/shutterstock.com S. 79, Dru-
sillas Park S. 85, 99, Thorpe Park S. 87,
Chessington World of Adventures S. 89,
Shelly Au/iStockphoto.com S. 90, Steve
Tanner/VisitCornwall S. 91, fothoss/
Fotolia.com S. 92, The Hop Farm
S. 93, Monkey World S. 94, At-Bristol
S. 95, Yesterday's World S. 96, The Big
Sheep S. 97, 98, Paultons Park S. 100,
mambo6435/shutterstock.com S. 101,
Iain McGillivray/Shutterstock.com
S. 102, Peter Elvidge/Shutterstock.com
S. 105, Speedfighter/Fotolia.com S. 109,
Richard F Cox/Shutterstock.com S. 115,
Clive Chilvers/Shutterstock.com S. 117,
Jon Stone/VisitWiltshire S. 121, Dmitriy
Shironosov/Shutterstock.com S. 123,
Groomee/Shutterstock.com S .124

Karte: Karthographiebüro Jochen Fischer

ISBN 978-3-89740-729-9